小学 **4・5・6** 年生

クエスト
冒険感覚で

ことばの力がどんどん身につく！

クロスワードパズル

深谷圭助
監修

東院
日書

はじめに（監修のことば）

　このクロスワードパズルは、小学校高学年（4・5・6年生）の子供たちが、楽しく言葉の勉強ができるように編集された本です。

　国語の力をつけるためには、たくさんの言葉を理解し、身に付けることが大切です。ところが、国語の教科書で学ぶ言葉は、教科書に使われている教材によって様々です。小学生のうちに身に付けるべき言葉が明示されていません。そのため、学校では言葉を理解することや活用できる言葉を増やすことが十分に行われていません。

　また、言葉を理解したり多くの言葉を身に付けたりするためには、たくさんの読書をすればよいとよく言われますが、読書で多くの言葉を獲得することは効率的ではありません。異なった言葉を獲得するためには、意図的に言葉の学習のために編集された本を読む方が効果的なのです。

　本書は、言葉を小学校高学年の子供たちが効果的に身に付けるための工夫がなされています。クロス

ワードを中心に様々なパズルが用意されていますから楽しく言葉の学習ができます。

　また、本書はゲーム仕立てのストーリーで構成されていて、ネコたちが問題を解くことでダイヤを獲得してモンスターと戦うという冒険感覚で問題を解いていくことができます。

　さあ、問題を解きながら、冒険に出かけましょう!その冒険を終える頃には、国語力がぐんとアップしていることでしょう。

2020年 10月吉日
こども・ことば研究所　理事長
中部大学　教授
深谷圭助

ぼうけんの手引き

モンスターが
ネコの街をおそって
いるよ

ドラゴンに
あやつられているんだって
助けてあげなきゃ!

ところどころに
いろいろなパズルが
あるよ!

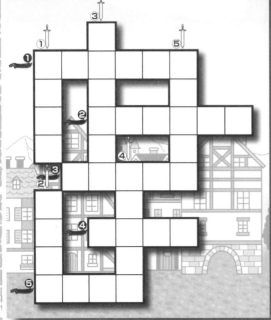

正しくマス目を
うめよう

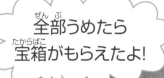

全部うめたら
宝箱がもらえたよ!

レベルが上がると
装備もレベルアップ
するんだ!

問題のレベルは、
★から★★へ、そして★★★へ
レベルアップするよ!

仲間にした
モンスターと、
ドラゴンをたおしに
行こう!

◇ クロスワードを解こう ◇

この マス目は 何 ？

言葉を 入れるんだって

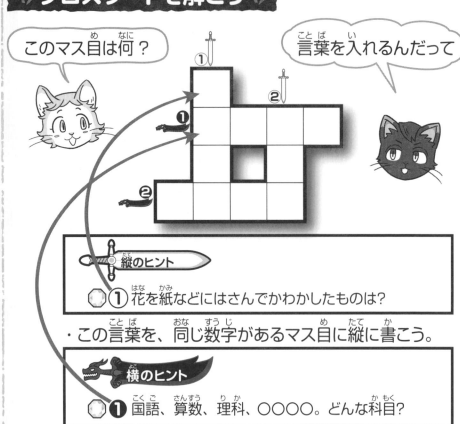

縦のヒント

① 花を紙などにはさんでかわかしたものは？

・この言葉を、同じ数字があるマス目に縦に書こう。

横のヒント

❶ 国語、算数、理科、○○○○。どんな科目？

・この言葉を、同じ数字があるマス目に横に書こう。

⚠ ポイント

・重なっている部分には同じ言葉が入るよ。
・小さい「ゃ」などは大きくして「や」と
　マス目に入れてね。
・漢字をマス目に入れる
　問題もあるよ! がんばって!

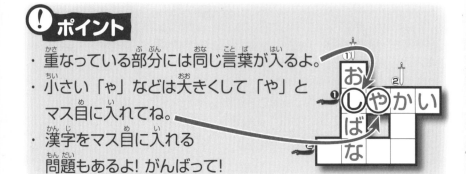

今度のマス目は
文字でいっぱいだ！

縦や横につなげると、
言葉になるんだって

ぷ	か	い	す
ど	り	あ	い
ぐ	み	ん	あ
し	ょ	こ	ら

ヒント 「あ」から始まる、
　　　　あまいものだよ

答え 「あんこ」

! ポイント

こんな読み方もあるよ！

・さかさま読み ①

・ななめ読み ②

・右から読み ③

途中で折れ曲がる
読み方はしないから
注意して！

×

◇ スケルトンを解こう ◇

どのマスに
どの言葉が
入るんだろう

2字 ◯いし
　　 ◯たす
3字 ◯うさぎ
　　 ◯すいか
5字 ◯しゆうかん

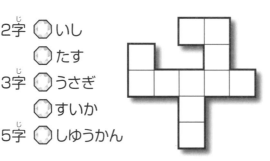

① リストに5文字の言葉は1つしか
　ないから、マス目に入れよう。
　リストの言葉は1度しか使えないから、
　使ったら――を引いておこう。

しゆうかん

② 頭文字が「う」の3文字は「うさぎ」
　だけだからマス目に入れよう。

しゆうかん
うさぎ

同じように、マス目の
数や入れた言葉をヒントに
マス目をうめていこう。

⚠ ポイント

・リストの中で、同じ文字数のものがない言葉から
　マス目に入れよう。（1つだけのものがないときは、
　なるべく少ないものから考えよう。）

ダイヤについて

問題のそばにはダイヤ  があるよ。
問題が解けたらダイヤをぬりつぶしてゲットしよう!
さらに、答えと解説を読んで言葉に詳しくなろう!

さあ、仲間を増やして、
モンスターをあやつっている
ドラゴンと戦おう!

来られるものなら
来てみな!

でき<ruby>問題<rt>もんだい</rt></ruby>はダイヤをぬりつぶそう！

<ruby>漢字<rt>かんじ</rt></ruby>の<ruby>読<rt>よ</rt></ruby>み①

——<ruby>線<rt>せん</rt></ruby>の<ruby>漢字<rt>かんじ</rt></ruby>の<ruby>読<rt>よ</rt></ruby>み<ruby>方<rt>かた</rt></ruby>をそれぞれ<ruby>書<rt>か</rt></ruby>きましょう。

<ruby>縦<rt>たて</rt></ruby>のヒント

① <ruby>船<rt>ふね</rt></ruby>に<ruby>乗<rt>の</rt></ruby>って<ruby>南極<rt>なんきょく</rt></ruby>に<ruby>行<rt>い</rt></ruby>きたい。

② テストに<ruby>自分<rt>じぶん</rt></ruby>の<ruby>氏名<rt>しめい</rt></ruby>を<ruby>書<rt>か</rt></ruby>く。

③ <ruby>助手席<rt>じょしゅせき</rt></ruby>で<ruby>道路地図<rt>どうろちず</rt></ruby>を<ruby>見<rt>み</rt></ruby>る。

④ <ruby>苦労<rt>くろう</rt></ruby>の<ruby>末<rt>すえ</rt></ruby>に<ruby>医者<rt>いしゃ</rt></ruby>になった<ruby>人物<rt>じんぶつ</rt></ruby>。

⑤ <ruby>自分<rt>じぶん</rt></ruby>の<ruby>順番<rt>じゅんばん</rt></ruby>まですわって<ruby>待<rt>ま</rt></ruby>つ。

<ruby>横<rt>よこ</rt></ruby>のヒント

❶ <ruby>健康<rt>けんこう</rt></ruby>のため、<ruby>野菜<rt>やさい</rt></ruby>も<ruby>食<rt>た</rt></ruby>べよう。

❷ <ruby>電車<rt>でんしゃ</rt></ruby>で<ruby>老人<rt>ろうじん</rt></ruby>に<ruby>席<rt>せき</rt></ruby>をゆずる。

❸ <ruby>川<rt>かわ</rt></ruby>の<ruby>近<rt>ちか</rt></ruby>くに<ruby>緑地<rt>りょくち</rt></ruby>が<ruby>広<rt>ひろ</rt></ruby>がっている。

❹ <ruby>図面<rt>ずめん</rt></ruby>を<ruby>手<rt>て</rt></ruby>がかりに、<ruby>宝物<rt>たからもの</rt></ruby>をさがす。

❺ スイカに<ruby>食塩<rt>しょくえん</rt></ruby>をかけるとあまく<ruby>感<rt>かん</rt></ruby>じる。

❻ <ruby>台風<rt>たいふう</rt></ruby>が<ruby>近<rt>ちか</rt></ruby>づき、<ruby>雨風<rt>あめかぜ</rt></ruby>が<ruby>強<rt>つよ</rt></ruby>くなる。

できた問題はダイヤをぬりつぶそう！

似た意味の言葉①

——線の言葉と似た意味の言葉を右の語群から選び、
その読み方をそれぞれ書きましょう。

縦のヒント

◯① 山の天気は変わりやすい。
◯② あきっぽいのが弟の短所だ。
◯③ これは大切な品物だ。
◯④ 集合時間に間に合うか不安だ。
◯⑤ 当面は食料が足りそうだ。

横のヒント

◯❶ 先生の字を習字の見本にする。
◯❷ 科学ぎじゅつが進歩する。
◯❸ この本は私には不要だ。
◯❹ この話は事実です。
◯❺ 学者になろうと決意する。
◯❻ 英語の教師になりたい。

言葉

語群
ご ぐん

大事　真実　天候　先生　欠点　無用

心配　向上　当分　決心　手本

13

できた問題はダイヤをぬりつぶそう！

花について

次のヒントにあてはまる花の名前を右の語群から選び、
その名前をそれぞれ書きましょう。

縦のヒント

① 梅雨の季節に、小さな花が丸く固まってさく植物だよ。
② 「雪中花」という別名をもつ、白や黄色の花だよ。
③ 漢字で「秋桜」と書くように、
　秋にさくらのような花をつける植物だよ。
④ 「ゲンゲ」ともよばれ、春に赤むらさき色の花をつけるよ。
⑤ 母の日におくる花として有名だね。

横のヒント

❶ ツバキの仲間で、秋から冬にかけて赤い花をさかせるよ。
❷ 朝にさくことから、名前がついた花だよ。
❸ アメリカのハワイ州の州花だよ。南国のイメージがあるね。
❹ 春、高い木の上にいいにおいのする白い花をさかせるよ。
❺ この植物は実がパチンとはじけて種を飛ばすんだよ。

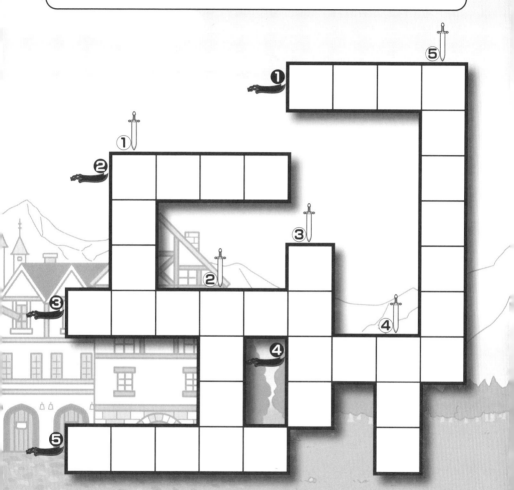

語群

ホウセンカ　ハイビスカス　アジサイ　アサガオ　モクレン
カーネーション　スイセン　サザンカ　コスモス　レンゲ

15

熟語リレー

例にならって、次の空らんに入る漢字を下から選んで書き入れ、
熟語のしりとりを完成させましょう。

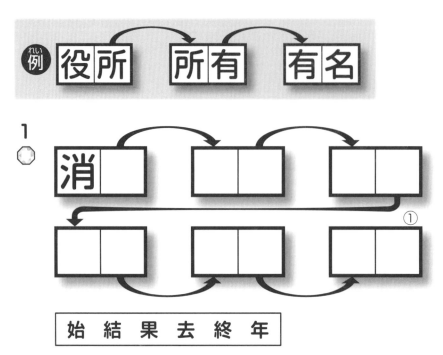

例 役所　所有　有名

1

消□　□□　□□

□□　□□　□□ ①

始　結　果　去　終　年

2

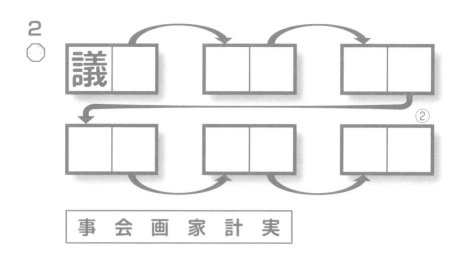

議 □ → □□ → □□

□□ → □□ → □□ ②

事	会	画	家	計	実

①と②の<ruby>漢<rt>かん</rt>字<rt>じ</rt></ruby>を<ruby>書<rt>か</rt></ruby>き<ruby>入<rt>い</rt></ruby>れて、<ruby>二字熟語<rt>に じ じゅくご</rt></ruby>を<ruby>完成<rt>かん せい</rt></ruby>させましょう。

① ②

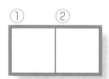

5

料理について

次のヒントにあてはまる食べ物に関する言葉を
右の語群から選び、それぞれ書きましょう。

縦のヒント

◯① 魚や海そうなどの食べ物のことを英語で言うと？
◯② 中国の料理で、「〇〇〇〇豆ふ」「〇〇〇〇ナス」といえば？
◯③ 肉や野菜をにこんだロシア料理のスープ。
　　赤い野菜を入れるよ。
◯④ にんにくを英語で言うと？
◯⑤ リンゴで作ったパイは「〇〇〇〇パイ」だね。
◯⑥ フランス料理のとろみのついたスープだよ。

横のヒント

◯❶ バターににている、植物や動物の油から作られているものは？
◯❷ 「カツ〇〇〇」「タイ〇〇〇」「〇〇〇ライス」。
　　何が入るかな？
◯❸ 果物のしるをこおらせた冷たい食べ物だよ。
◯❹ 牛にゅうから作った、白くてやわらかい食べ物だよ。
◯❺ 沖縄料理で有名なのは「ゴーヤ〇〇〇〇〇〇」だよね。

語群

シャーベット　アップル　カレー　ボルシチ　チャンプルー　マーボー

ガーリック　ポタージュ　ヨーグルト　シーフード　マーガリン

19

虫食い漢字①

例にならって、周りの漢字と熟語ができるように語群から漢字を
選び空らんに書き入れましょう。
できた漢字を最後の空らんの番号順に書き入れて、
文を完成させましょう。

（会議・協議・議員・議長）

①

②

③

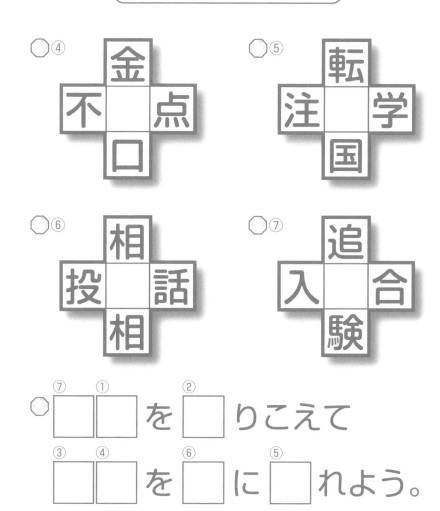

語群
手 入 勝 試 練 乗 利

④
```
  金
不 □ 点
  口
```

⑤
```
  転
注 □ 学
  国
```

⑥
```
  相
投 □ 話
  相
```

⑦
```
  追
入 □ 合
  験
```

⑦① □□ を ② □ りこえて
③④ □□ を ⑥ □ に ⑤ □ れよう。

できた問題はダイヤをぬりつぶそう！

パーツ計算①

例にならって、文字の計算をして漢字を作りましょう。
最後に、指定された①～④の番号順に漢字を書き、
四字熟語を完成させましょう。

例 米 + 斗 = 料

1

① 寺 + 日 = ☐

② 召 + 日 = ☐

③ 口 + 禾 = ☐

④ イ + 弋 = ☐

②	③	①	④

2

○ ① 式 + 言 = ☐

○ ② 門 + 开 = ☐

○ ③ 台 + 女 = ☐

○ ④ へ + 一 + 口 = ☐

	①	④	②	③
○	☐	☐	☐	☐

できた問題はダイヤをぬりつぶそう！

季節について①

次のヒントにあてはまる季節に関係する言葉をそれぞれ書きましょう。

縦のヒント

○① 秋の終わりにふく、冷たくて強い風を何という？

○② 短ざくに願い事を書いて、ささに結びつける日だよ。

○③ その年の春に初めてふく、強い南風を何という？

○④ 季節によってふく方向が変わる風のことだよ。

○⑤ 春は「立春」、秋は「○○○○○」。

横のヒント

○① 冬の初めのころの、春のようなあたたかさの日のことだよ。

○② お月見で見るのは「○○○○○○の名月」だよ。

○③ 春に見られやすい、遠くのけしきがういて見えたり

さかさまに見えたりするげんしょうだよ。

○④ その年の冬に初めてふる雪を何という？

○⑤ 夏から秋にかけてやってくるね。これが来ると風が強まるよ。

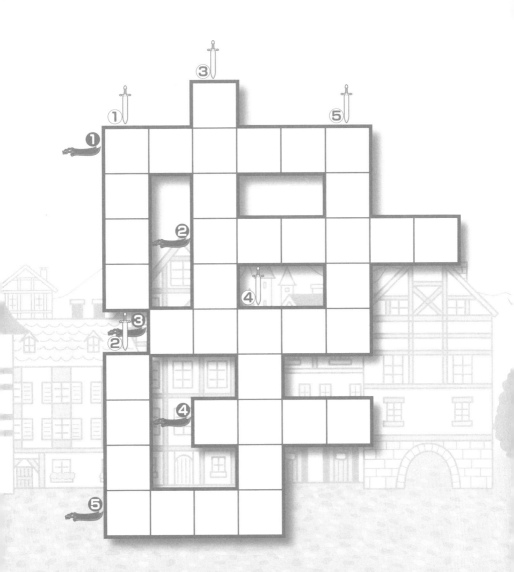

9 空の生き物

レベル ★

できた問題はダイヤをぬりつぶそう！

次のヒントと□の数を手がかりに、空の生き物の名前を
右の表から探しましょう。

◯① 海岸でよく見かける白い鳥だよ。　　　　　　　　　　　カ□□

◯② 入浴時間が短いことを「〇〇〇の行水」と言うよ。　　□□ス

◯③ 東京ヤクルトスワローズのマスコット
　　　「つば九郎」は、この鳥がモデルになっているよ　　□バ□

◯④ 「ホーホケキョ」と鳴く鳥だね。　　　　　　　　　　□グ□□

◯⑤ 日本の国鳥になっている鳥だよ。　　　　　　　　　　□ジ

◯⑥ 量が少ないことを「〇〇〇のなみだ」と言うよ。　　□□□

◯⑦ 「〇〇がたかを生む」　　　　　　　　　　　　　　　ト□

◯⑧ 手品でよく使われる鳥だよ。公園などにいるね。　　　□□

◯⑨ くちばしで木をつついて、中の虫を食べる鳥だよ。　キ□□□

◯⑩ 夜、音もなく飛んでネズミなどをつかまえる鳥だよ。□□□□

ビ	ト	フ	ク	ロ	ウ
イ	サ	ハ	メ	ー	グ
キ	ゴ	リ	ラ	ズ	イ
ジ	ツ	バ	メ	ン	ス
バ	ゲ	ツ	ド	モ	ラ
リ	ウ	ュ	キ	ル	カ

10 ことばリレー

できた問題はダイヤをぬりつぶそう！

次のヒントを手がかりに、スポーツに関係する言葉を書きましょう。
矢印で結んでいる□には同じ文字が入ります。

○① オリンピックといっしょに行うのは「○○リンピック」。

○② プールや海でみんなを見守るのは「○○○セーバー」だね。

○③ スケート競ぎのうち、
速さを競わないのは「○○○○○スケート」だよ。

○④ 氷の上でするホッケーは「○○○ホッケー」だよね。

○⑤ スケート競技で速度を競うのは「○○○○スケート」。

○⑥ 2組に分かれて、相手の選手にボールをぶつける競技は
「○○○ボール」だよ。

○⑦ 早朝にしている人が多いね。「ランニング」とも言うよ。

○⑧ 野球で打つときに使うのはバット。では、ボールをとるときは？

○⑨ バレーボールで、相手が打ったスパイクを止めるために
ジャンプするけど、これを何という？

○⑩ 水泳で自由形はどんな泳ぎ方をしてもいいけど、
この泳ぎ方をする人がほとんどだよね。

11

できた問題はダイヤをぬりつぶそう！

反対の意味の言葉①

――線の言葉と反対の意味の言葉を、右の語群の漢字を
組み合わせて作り、その読み方をそれぞれ書きましょう。
語群の漢字は何回使ってもよいです。

縦のヒント

◯①実験に失敗してしまう。
◯②この建物は洋風なつくりだ。
◯③授業の前に起立して礼をする。
◯④試合は最後まであきらめない。
◯⑤物体が静止している。
◯⑥年末の大そうじをする。

横のヒント

◯❶戦争のない世界を望む。
◯❷この物質は人体に無害です。
◯❸気が短いのがぼくの短所だ。
◯❹試合に見事勝利する。
◯❺会場には多くの人が来て、もう満席だ。

語群

和 長 有 害 席 初 始 功 運 北
風 空 敗 最 成 年 平 所 着 動

31

 レベル ★

12 画数迷路①

できた問題はダイヤをぬりつぶそう！

スタートから、7画の漢字をたどってマス目に色をぬり、ゴールまで行きましょう。縦と横には進めますが、ななめには進めません。

1

スタート	位	英	果	以	全	衣
芽	改	官	式	好	牧	育
労	束	灯	季	岸	司	泣
求	底	老	次	法	印	治
芸	兵	別	材	具	使	各
失	伝	昨	努	争	成	始
仲	辺	兆	折	冷	利	ゴール

スタートから、12画の漢字をたどってマス目に色をぬり、ゴールまで行きましょう。縦と横には進めますが、ななめには進めません。

2

スタート	賀	街	覚	案	貨	節
続	置	都	給	害	健	借
副	働	浴	量	戦	終	照
敗	票	路	無	満	富	博
陸	塩	梅	感	清	宿	然
群	転	巣	産	笛	康	焼
望	試	唱	辞	部	菜	ゴール

できた問題はダイヤをぬりつぶそう！

ことわざ・慣用句①

次のヒントを手がかりにして、
慣用句やことわざを完成させて右の表にひらがなで書き入れましょう。

縦のヒント

◯① 苦労しないでとくをすることを「たなから〇〇〇〇」というね。

◯② 1つの石を投げて2羽の鳥をつかまえると？

◯③ おこりっぽいと、そんをするよ。「短気は〇〇〇」だね。

◯④ 「のど元すぎれば〇〇〇をわすれる」

◯⑤ 「〇〇〇の子は〇〇〇」には同じ生き物の名前が入るよ。

横のヒント

◯❶ つり合いが取れない様子を「月と〇〇〇〇」というよ。

◯❷ 名人も失敗することがあるよ。「さるも〇〇〇落ちる」んだ。

◯❸ 未来は何が起きるかわからないね。
「犬も歩けば〇〇〇〇〇〇」

◯❹ 友達といっしょにいると にてくるんだよ。
「しゅに交われば〇〇〇なる」というんだ。

◯❺ 大きいだけで役に立たないものを
「無用の〇〇〇〇〇」という。

できた問題はダイヤをぬりつぶそう！

野菜について

次のヒントを手がかりにして、右の語群から
あてはまる野菜を選んで書き入れましょう。

縦のヒント

①えだ豆に似た形で、実が小さくてふさのまま食べる
　さやえんどうのうち、一番有名なえんどうだよ。

②根の部分が赤いものがおいしいんだって。
　ソテーやおひたしにして食べたりするよ。

③演技の下手な役者を「〇〇〇〇役者」というよね。

④「石焼きいも」は「〇〇〇〇〇」を焼いたものだよ。

⑤「雨後の〇〇〇〇」ということわざがあるよ。

横のヒント

❶茶色っぽい野菜で、「きんぴら〇〇〇」などにして食べるよ。

❷江戸時代に今の東京の「小松川」で作られたことから、
　この名前が付けられたんだって。

❸あなのあいた野菜といえば、これだよね。

❹なべなどに入れることが多い、キノコの仲間だよ。

❺伝説の生き物の「かっぱ」はこの野菜が好きなんだって。

❻すりおろすと「とろろ」になる、イモの仲間だよ。

語群

キヌサヤ　ゴボウ　キュウリ　レンコン　ヤマイモ　ダイコン
コマツナ　シイタケ　タケノコ　サツマイモ　ホウレンソウ

15

レベル★

同音異義語①

次のア・イの□□□にはそれぞれ同じ読み方でちがう熟語が入ります。
その読み方を語群から選び、書き入れましょう。

⚔️ 縦のヒント

◎①ア 答案用紙に□□□を書く。　イ 先生に□□□される。

◎②ア 漁を終えて□□□する。　イ 暖かい□□□の土地。

◎③ア ぜっ好の□□□をのがす。　イ □□□いじりが好きだ。

◎④ア 洋服を□□□する。　イ 弟の□□□がのびる。

◎⑤ア 百点をとって□□□された。　イ スポーツに□□□がある。

◎⑥ア 胃が食べ物を□□□する。　イ □□□作業をする消防士。

🐉 横のヒント

◎❶ア □□□してまじめになる。　イ 作品は□□□のできだ。

◎❷ア □□□な事実を知る。　イ ぼく□□□は女の子ばかりだ。

◎❸ア 4年生の□□□漢字。　イ 会社が海外に□□□する。

◎❹ア 太字で□□□する。　イ みんなと□□□して作業する。

◎❺ア あの選手は今□□□だ。　イ あの方が□□□先生だ。

語群

しんしゅつ　しんちょう　かいしん　しめい　しょうか　いがい
かんしん　きょうちょう　きかい　こうちょう　きこう

39

16

レベル ★

できた問題はダイヤをぬりつぶそう！

熟語

次の――線のカタカナの言葉を漢字に直した熟語を
右の表から探して〇で囲みましょう。

◯① この町はギョギョウがさかんだ。

◯② 選挙のトウヒョウをする。

◯③ 三角形のテイヘンの長さ。

◯④ 弟とキョウソウして宿題を進める。

◯⑤ 優勝のエイコウを手に入れる。

◯⑥ 雨でフェリーがケッコウする。

◯⑦ 政治家がガイトウで演説する。

◯⑧ この山はヒョウコウが高い。

◯⑨ 消化キカンの病気になる。

◯⑩ このヘッドホンはテイオンがよく聞こえる。

◯⑪ ケンコウによい食事をとる。

◯⑫ 牛にシリョウを食べさせる。

◯⑬ 胸にナフダを付ける。

◯⑭ この問題はアンガイ難しい。

◯⑮ 今日はトクベツに寒い。

〇〇小学校

3年1組

低	底	得	建	健	投	標
辺	音	別	康	成	票	高
周	生	魚	特	英	功	札
欠	決	業	交	栄	光	名
行	航	電	漁	料	量	礼
官	頭	灯	安	飼	資	争
器	管	街	外	案	走	競

17

できた問題はダイヤをぬりつぶそう！

季節について②

次のヒントにあてはまる季節に関係する言葉をそれぞれ書きましょう。

縦のヒント

①なべで温めた豆ふにしょう油などをつける冬の料理だよ。

②夏の「土用のうしの日」にこれを食べると元気になるんだって。

③5月5日に空を泳ぐ魚は何だ？

④その年の冬に初めておりるしもののことだよ。

⑤バレンタインデーにこれをおくるのは日本だけの習かんだって。

⑥キャンプファイヤーは、みんなでこれをかこむんだよね。

⑦クリスマスプレゼントは「〇〇〇さん」がとどけてくれるよ。

横のヒント

❶さくらの花がさくと、たくさんの人が集まってこれをするよ。

❷冬に足を温めてくれる日本伝とうのテーブルだよ。

❸お正月に、うすときねを使ってするのは？

❹夏に風があるとき、この音を聞くとすずしい気分になるね。

❺4月終わりから5月の初めの連休を

「〇〇〇〇〇ウイーク」っていうよ。

漢字の書き①

——線のカタカナをそれぞれ漢字に直して書きましょう。

縦のヒント

①朝、マンインデンシャに乗って通きんする。

②試合に負けたのはジツリョクブソクだったからだ。

③兄は高校のニュウガクシケンにそなえて勉強している。

④米のヒンシュカイリョウの研究をしている。

⑤世界では急速なジンコウゾウカが問題になっている。

横のヒント

❶モンブカガクダイジンが選ばれる。

❷友だちとリカジッケンシツに向かう。

❸せっかく買ったおもちゃがフリョウヒンだった。

❹今日の料理にはダイマンゾクです。

❺駅のカイサツグチを通る。

❻災害にそなえてハツデンキをじゅんびした。

19

できた問題はダイヤをぬりつぶそう！

陸の生き物

次のヒントを手がかりにして、右の語群からあてはまる
陸の生き物に関する言葉を選んで書き入れましょう。

縦のヒント

① この動物は周りの色に合わせて体の色を変えられるんだよ。

② さわったらいたそうなネズミの仲間だよ。

③ オーストラリアの動物で、ユーカリという木の葉が大好物。

④ 食べ物をあらうようなしぐさをするからこうよばれるんだよ。

⑤ パンダの仲間の中で、
白と黒のパンダは「〇〇〇〇〇〇パンダ」。

横のヒント

❶ ほっぺたにふくろがあるネズミの仲間だよ。

❷ 目がとても大きなサルの仲間だよ。

❸ 立ち上がるすがたがかわいい、マングースの仲間だよ。

❹ トカゲの仲間で最大で2メートル近くまで大きくなるんだって。

❺ おなかの上で貝をわって食べる様子が有名だよね。

❻ かたい皮におおわれて、てきにこうげきされると丸まるんだ。

語群

コアラ　カメレオン　ラッコ　アルマジロ
ミーアキャット　アライグマ　ハリネズミ
ジャイアント　イグアナ　メガネザル　ハムスター

47

20

漢字の読み②

——線の漢字の読み方をそれぞれ書きましょう。

縦のヒント

◯① 警察から感謝状をおくられる。
◯② 学級新聞の取材を受ける。
◯③ 町の中央の幹線道路。
◯④ マンションの管理人にあいさつする。
◯⑤ 工作の材料を準備する。
◯⑥ イベントを運営する会社。

感 謝 状

〇〇〇〇 殿

横のヒント

◯❶ 季節はもう初夏だ。
◯❷ 海外に在留する日本人。
◯❸ 体力の限界まで走り続ける。
◯❹ 裁判で逆転無罪を勝ち取る。
◯❺ 事故の目げき者が証人としてよばれた。
◯❻ 基本問題のあとで応用問題に取り組む。

21

できた問題はダイヤをぬりつぶそう！

画数迷路②

スタートから、8画の漢字をたどってマス目に色をぬり、ゴールまで行きましょう。縦と横には進めますが、ななめには進めません。

1

スタート	易	紀	序	益	防	留	因
囲	往	条	桜	判	航	余	冷
逆	価	祖	似	容	独	労	永
応	河	居	効	妻	財	迷	完
型	志	政	災	枝	則	沖	可
快	厚	告	述	舎	脈	保	児
限	格	査	招	粉	版	肥	非
技	故	均	制	性	毒	祝	ゴール

スタートから、14画(かくかんじ)の漢字をたどってマス目(めいろ)に色をぬり、ゴールまで
行(い)きましょう。縦(たて)と横(よこ)には進(すす)めますが、ななめには進(すす)めません。

2

スタート	解	愛	続	節	覚	給	散	順
演	幹	働	置	戦	街	極	最	焼
慣	義	損	墓	照	賀	景	結	然
境	構	際	潟	辞	試	群	塩	愛
禁	鉱	雑	準	豊	夢	確	暴	編
億	罪	酸	飼	像	増	態	適	導
輪	資	精	製	総	賛	質	銅	綿
養	標	衛	興	潔	築	燃	賞	歴
熱	選	器	課	達	博	隊	輸	ゴール

レベル ★★ 22

できた問題はダイヤをぬりつぶそう！

世界について

次のヒントを手がかりにして、右の語群からあてはまる
世界に関する言葉を選んで書き入れましょう。

縦のヒント

①ローマ帝国時代に今のイタリアに作られた競技場だよ。

②ヨーロッパを東西に横切っているのは「○○○○山脈」だね。

③アメリカの大統領が住むのは「○○○○ハウス」だよ。

④シンガポールの有名な像だよ。顔がライオンで体は魚なんだ。

⑤ブラジルのジャングルの中を流れる大きな川は「○○○○川」。

横のヒント

①世界で一番面積が広い国は？ 首都はモスクワだよ。

②国名は「ローマ人の土地」っていう意味なんだって。
そういえば最初の3文字が「ローマ」とちょっと似てるね。

③コアラやカンガルーで有名な国だよ。

④アメリカの首都は？ ニューヨークじゃないんだよ。

⑤カナダの都市で、夏季オリンピックが開かれたところだよ。

語群

ワシントン　アマゾン　オーストラリア　マーライオン　ロシア
ホワイト　アルプス　モントリオール　コロッセオ　ルーマニア

できた問題はダイヤをぬりつぶそう！

スケルトン①

字数をヒントに、日本の名所を右の表に書き入れましょう。

3字　◯いわみ（石見銀山 / 島根県太田市）
　　　◯びわこ（琵琶湖 / 滋賀県）
　　　◯きたの（北野天満宮 / 京都府京都市）
4字　◯しんじこ（宍道湖 / 島根県松江市・出雲市）
　　　◯へいあん（平安神宮 / 京都府京都市）
　　　◯すみよし（住吉神社 / 山口県下関市）
5字　◯えこういん（回向院 / 東京都墨田区）
　　　◯いつくしま（厳島神社 / 広島県廿日市市）
　　　◯みとじょう（水戸城 / 茨城県水戸市）
　　　◯ほんがんじ（本願寺 / 京都府京都市）
　　　◯せんそうじ（浅草寺 / 東京都台東区）
6字　◯ほうりゅうじ（法隆寺 / 奈良県生駒郡斑鳩町）
　　　◯かみなりもん（雷門 / 東京都台東区）
　　　◯まつえじょう（松江城 / 島根県松江市）
7字　◯びょうどういん（平等院 / 京都府宇治市）
　　　◯じょうもんすぎ（縄文杉 / 鹿児島県熊毛郡屋久島町）
8字　◯よしのがりいせき（吉野ヶ里遺跡 / 佐賀県神埼郡吉野ヶ里町）

24

できた問題はダイヤをぬりつぶそう!

反対の意味の言葉②

——線の言葉と反対の意味の言葉を、右の語群の漢字を
組み合わせて作り、その読み方をそれぞれ書きましょう。

縦のヒント

① 店の商品はみんなに好評だ。
② 人類の子孫のため自然を残そう。
③ 弟はいつも積極的に行動する。
④ なにごとも形式ばかり気にしてはいけない。
⑤ 落ち着いて理性的に行動しよう。

横のヒント

① 桜前線が北上していく。
② 会社が大きな利益をあげる。
③ 野菜の生産量が増加する。
④ 提案の内容に反対する。
⑤ 家族で幸福にくらす。
⑥ ここに入ることを許可する。
⑦ 今年は米が不作だ。

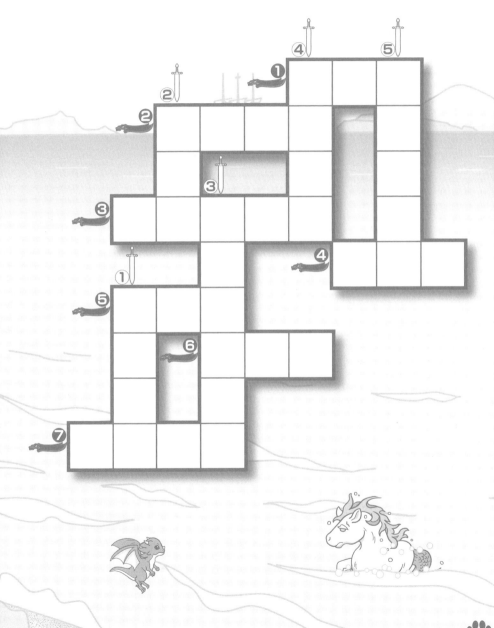

語群

豊 南 下 極 減 害 感 不 少 同 容 禁
不 意 評 祖 先 消 情 止 内 損 作 幸

57

25

できた問題はダイヤをぬりつぶそう！

漢字の書き②

――線のカタカナをそれぞれ漢字に直して書きましょう。

縦のヒント

◯① <u>テンサイ</u>はわすれたころにやってくる。
◯② <u>メンセツカン</u>の質問に答える。
◯③ その発言は少し<u>ムシンケイ</u>だ。
◯④ 外国に住んで<u>ゴガク</u>を身につける。
◯⑤ アメリカの<u>ジョウホウキカン</u>について調べる。
◯⑥ 父は<u>ガッコウショクイン</u>として働いている。

横のヒント

◯❶ <u>テンキヨホウ</u>によると明日は雨だ。
◯❷ 政治に<u>ムカンシン</u>ではいけない。
◯❸ <u>シチフクジン</u>のめでたい絵がかかれている。
◯❹ 兄は<u>ケイエイガク</u>をまなんでいる。
◯❺ 正しい<u>セツゾクゴ</u>を使って文を書く。
◯❻ 姉は美術館の<u>ガクゲイイン</u>になった。

できた問題はダイヤをぬりつぶそう！

パーツ計算②

例にならって、文字の計算をして漢字を作りましょう。
最後に、指定された①～④の番号順に漢字を書き、
四字熟語を完成させましょう。

例 米 + 斗 = 料

1

① 木 + 日 = ☐

② 国 − 玉 + 大 = ☐

③ 服 − 月 + 幸 = ☐

④ 麻 − 林 + 心 = ☐

②	①	④	③

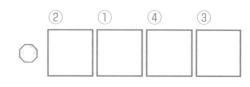

2

① 雷 − 田 = □

② 話 − 千 − 口 + 売 = □

③ 静 − 争 + 日 = □

④ 末 + 一 + 井 = □

③	④	①	②
□	□	□	□

27 似た意味の言葉②

できた問題はダイヤをぬりつぶそう！

——線の言葉と似た意味の言葉を、右の語群の漢字を
組み合わせて作り、その読み方をそれぞれ書きましょう。
語群の漢字は何回使ってもよいです。

縦のヒント

◯① 自分の行動を反省しています。
◯② こわれた建物を復元しよう。
◯③ 本を参照して、調べ物をする。
◯④ 原始の自然が残っている。
◯⑤ 最近はこわい事件が多く起きる。

横のヒント

◯❶ 遠足の用意をすませる。
◯❷ 私は絵に関心があります。
◯❸ 新しい本を出版しました。
◯❹ 近辺の風景を楽しむ。
◯❺ 失敗した原因を考えよう。

語群

由　周　責　味　行　参　開　理　自　備
囲　今　昨　考　刊　修　準　未　興

レベル ★★ 28

できた問題はダイヤをぬりつぶそう！

四字熟語（よじじゅくご）

次の――線のカタカナの言葉（ことば）を漢字（かんじ）に直（なお）した熟語（じゅくご）を
右（みぎ）の表（ひょう）から探（さが）して○で囲（かこ）みましょう。

◯① 友（とも）だちと<u>イキトウゴウ</u>する。

◯② <u>クウゼンゼツゴ</u>（だいはっけん）の大発見だ。

◯③ 弟（おとうと）が作文（さくぶん）を<u>ジガジサン</u>している。

◯④ <u>シンキイッテン</u>してがんばろう。

◯⑤ ほめられて<u>トクイマンメン</u>の顔（かお）をする。

◯⑥ 話（はなし）の<u>イチブシジュウ</u>を聞（き）く。

◯⑦ 山（やま）おくで<u>ジキュウジソク</u>の生活（せいかつ）をする。

◯⑧ 自然（しぜん）は<u>ジャクニクキョウショク</u>の世界（せかい）だ。

◯⑨ 相手（あいて）を<u>イットウリョウダン</u>する。

◯⑩ 君（きみ）の発言（はつげん）は<u>ゴンゴドウダン</u>だ。

◯⑪ 高熱（こうねつ）で<u>ゼンゴフカク</u>になる。

◯⑫ 機械（きかい）を<u>ジュウジザイ</u>にあやつる。

◯⑬ 2人（ふたり）は<u>イッシンドウタイ</u>だ。

◯⑭ <u>ゼッタイゼツメイ</u>の大（だい）ピンチだ。

油	海	港	空	終	始	部	一
田	点	漁	前	初	業	心	刀
大	得	前	絶	対	同	機	両
敗	意	味	後	体	育	一	断
足	満	気	在	不	絶	転	道
自	面	自	投	格	覚	命	語
給	由	分	球	合	同	食	言
自	画	自	賛	食	強	肉	弱

レベル ★★

29

できた問題はダイヤをぬりつぶそう！

季節について③

次のヒントにあてはまる季節に関係する言葉をそれぞれ書きましょう。

縦のヒント

①秋のごちそうのまつたけは何の仲間？

②5月5日は別名「〇〇〇の節句」だよ。

③秋に木々の葉が色づくことを何というかな？

④流れてくる細いめんをすくって食べる夏の食べ物だよ。

⑤クリスマスはこの人の誕生を祝う日なんだよ。

⑥初もうでで神社に行ったとき、最初にくぐるのは？

横のヒント

❶お正月についたおもちにつけたりする、大豆をすって
あまくした粉は何かな？

❷秋は読書に向いていると言われるけど、それは秋の夜が
長く感じられるからだよ。それを「秋の〇〇〇」というね。

❸12月はいそがしくて先生も走るから
「〇〇〇」ともよばれるね。

❹寒い冬に泳ぐことを「〇〇〇〇〇水泳」っていうね。

❺ひな祭りの歌で、明かりをつけるのはどこだっけ？

30 虫食い漢字②

例にならって、周りの漢字と熟語ができるように語群から漢字を選び空らんに書き入れましょう。
できた漢字を最後の空らんの番号順に書き入れて、文を完成させましょう。

（会議・協議・議員・議長）

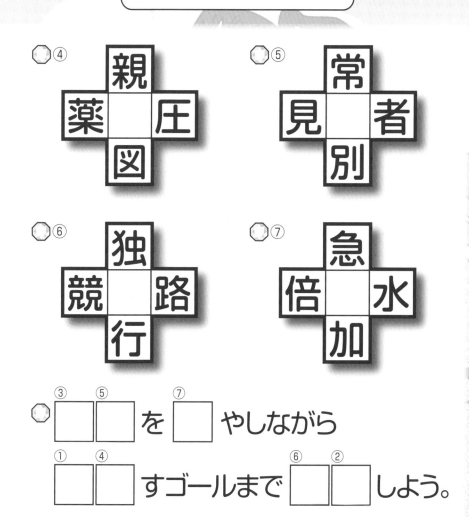

語群
指 走 知 破 識 増 目

④ 親 / 薬 □ 圧 / 図

⑤ 常 / 見 □ 者 / 別

⑥ 独 / 競 □ 路 / 行

⑦ 急 / 倍 □ 水 / 加

③ □ ⑤ □ を ⑦ □ やしながら

① □ ④ □ すゴールまで ⑥ □ ② □ しよう。

69

できた問題はダイヤをぬりつぶそう！

都道府県について

次のヒントを手がかりにして、右の語群からあてはまる
都道府県に関する言葉を選んで書き入れましょう。

縦のヒント

① 兵庫県にある野球場だよ。高校球児のあこがれだね。

② 山鉾巡行で有名な、京都を代表する祭りは何かな？

③ 北海道の料理で、鉄板で羊の肉を焼く食べ物は？

④ 現在の鹿児島県出身で幕末の有名人は「○○○○たかもり」。

⑤ 大阪府にある人工の島に作られた空港は
「○○○○国際空港」だよ。

横のヒント

❶ 栃木県宇都宮市と静岡県浜松市で
たくさん食べられている名物料理と言えば？

❷ 神奈川県の県庁所在地は「○○○○市」だね。

❸ ブドウが特産品の山梨県は、ブドウで作った○○○も有名。

❹ 昔の沖縄の琉球王国で一番大きなお城だよ。

❺ 京都の有名なお寺。
北山文化の金閣寺と東山文化の「○○○○○」。

❻ 福岡県の名産品。たらこをとうがらしでつけたものは？

語群

めんたいこ　じんぎすかん　わいん　かんさい　ぎょうざ　ぎんかくじ
ぎおんまつり　さいごう　こうしえん　しゅりじょう　よこはま

できた問題はダイヤをぬりつぶそう！

ことわざ・慣用句②

次の意味のことわざや慣用句の□にあてはまる言葉を
右の表にひらがなで書き入れましょう。

縦のヒント

◇①がまん強く努力すれば必ず成功するものだ。

□□□□□にも三年

◇②子どもを大切に思うなら、つらい経験をさせた方がいい。

□□□□子には旅をさせよ

◇③生活に困らないようになって初めて礼ぎに気を付けるようになる。

□□□□足りて礼節を知る

◇④めんどうなことには余計な手出しをするべきではない。

□□□□神にたたりなし

◇⑤まったく活やくできない様子。

鳴かず□□□

◇⑥やりすぎることは、やらないことと同じようによくない。

□□□□は なおおよばざるがごとし

横のヒント

◇①危険が身近にせまっていること。

□□□□に火がつく

◇②悪がしこい人が得をし、正直な人はかえってひどい目にあう。

正直者が□□を見る

◇③欠点の一部をかくして、全部をかくしたような気でいること。

頭かくして□□□□□

◇④してしまったことを後からくやんでも仕方がない。

□□□□先に立たず

◇⑤無実の罪を負わせること。

□□□□を着せる

できた問題はダイヤをぬりつぶそう！

虫食い漢字❸

例にならって、周りの漢字と熟語ができるように語群から漢字を
選び空らんに書き入れましょう。
できた漢字を最後の空らんの番号順に書き入れて、
文を完成させましょう。

（会議・協議・議員・議長）

①

②

③

語群
戦　強　手　起　相　敵　奮

④

⑤

⑥

⑦

⑤□ ①□ は ⑥□ ④□ だが

③□ ⑦□ して ②□ おう！

75

できた問題はダイヤをぬりつぶそう！

ことわざ・慣用句③

次の意味のことわざや慣用句の□にあてはまる言葉を右の表にひらがなで書き入れましょう。

縦のヒント

◯①降参すること。　　　　　　　　　□□□□を上げる

◯②まったくえいきょうがないこと。　　　□□□□かゆくもない

◯③細かいことまで気にして、口うるさい様子。

　　　　　　　□□□□□のすみをようじでほじくる

◯④他人のために苦労や努力をする人のこと。

　　　　　　　　　□□□□□の力持ち

◯⑤忠告は自分のためになるが、聞くのはつらいということ。

　　　　　　　　　□□□□□は口に苦し

◯⑥手ごたえがないこと。　　　　　□□□にうでおし

横のヒント

◯①うそをつくことはいけないことだという教え。

　　　　　　　うそつきは□□□□の始まり

◯②まちがいがないと保証すること。　　□□□□□をおす

◯③余ったものには思いがけない価値があるものだということ。

　　　　　　　□□□□□には福がある

◯④未熟な人物のたとえ。　　　　□□□□が黄色い

◯⑤1人目の子は女の子、2人目の子は男の子がいいということ。

　　　　　　　一ひめ二□□□

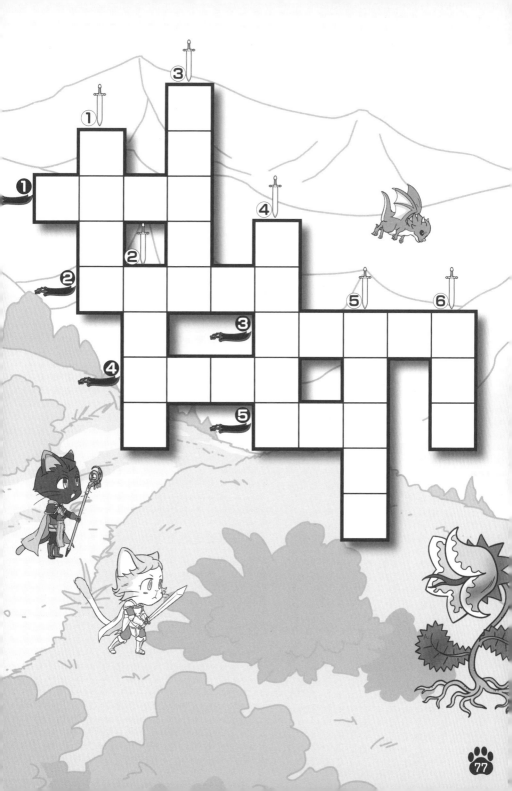

できた問題はダイヤをぬりつぶそう！

自然現象について

次のヒントをもとに（　）の中の文字を並べかえて言葉を完成させ、それを右の表から探して○で囲みましょう。

① 空から降ってくる氷のつぶのようなものだよ。（れあら）

② 土中の水分が氷の柱のようになったものだね。（ばししもら）

③ 暑い日に道路上に見えるゆらゆらしたものは？（うろげか）

④ 風がうずを巻いてしまう現象は？（つきたま）

⑤ 月が地球の影に入って見えなくなるよ。（しっょげく）

⑥ 鳴門海峡で有名な海がうずを巻く様子だよ。（しうおず）

⑦ 雨上がりに空に見える橋のようなものは？（じに）

⑧ かみなりが地面などに落ちることを何という？（くららい）

⑨ 台風の時など、海水が異常に高くなる現象だよ。（したかお）

⑩ ほうき星ともよばれる天体だよ。（いすせい）

⑪ せき止められた水が一気に流れることだよ。（ずみっぽうて）

⑫ 山からマグマなどがふき上がることだよ。（ふかん）

⑬ 南極や北極で空に見える不思議な光は何かな？（ろーおら）

⑭ 山から雪が一気にくずれ落ちることだよ。（だれな）

あ	て	っ	ぽ	う	み	ず
ら	べ	お	げ	ゅ	れ	に
れ	す	ー	っ	し	だ	じ
か	い	ろ	し	も	な	た
げ	せ	ら	ょ	ば	か	つ
ろ	い	ゃ	く	し	ん	ま
う	ず	し	お	ら	ふ	き

できた問題はダイヤをぬりつぶそう！

漢字の書き③

——線のカタカナをそれぞれ漢字に直して書きましょう。

縦のヒント

◯① 兄が車の運転の<u>ケンテイシケン</u>を受ける。

◯② 新聞社が<u>ヨロンチョウサ</u>を行う。

◯③ 父は<u>ホウドウキカン</u>で働いている。

◯④ サッカー選手が<u>ケイコク</u>を受ける。

◯⑤ 妹に<u>チヨガミ</u>を買ってやる。

◯⑥ 姉は中学の<u>フウキイインカイ</u>の一員だ。

◯⑦ あの動物は人間に<u>キガイ</u>を加えることはない。

横のヒント

◯❶ <u>イッセイチダイ</u>の大勝負に出る。

◯❷ 弟と<u>カミフウセン</u>で遊ぶ。

◯❸ 商品がこわれていないか<u>ケンサ</u>する。

◯❹ <u>ケイビガイシャ</u>がビルを見守っている。

◯❺ ボランティア活動の<u>タイケンホウコク</u>をする。

◯❻ 病気で内臓の<u>キノウショウガイ</u>が起きる。

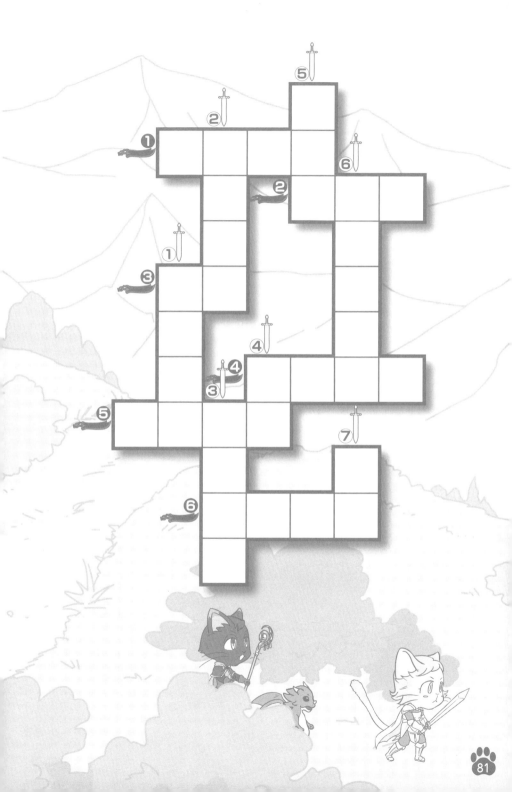

レベル ★★★

37

できた問題はダイヤをぬりつぶそう！

スケルトン②

字数をヒントに、季節の言葉を右の表に書き入れましょう。

3文字

◯ すいか（夏の食べ物）　◯ うちわ（夏の道具）

◯ うなぎ（夏の食べ物）　◯ いなさ（秋の気候）

4文字

◯ そうめん（夏の食べ物）　◯ ひまわり（夏の花）

◯ むしとり（夏の遊び）　◯ かげろう（春の自然現象）

◯ くずきり（夏の食べ物）　◯ ひやむぎ（夏の食べ物）

5文字

◯ くりすます（冬の行事）

◯ ゆきわたり（「雪渡り」宮沢賢治の冬の物語）

6文字

◯ かいすいよく（夏の遊び）　◯ ほわいとでー（春の行事）

◯ みずようかん（夏の食べ物）　◯ ななくさがゆ（新年の食べ物）

7文字

◯ かとりせんこう（夏の道具）　◯ とのさまばつた（秋の生き物）

82

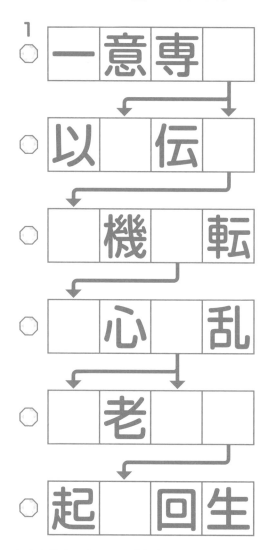

38

四字熟語リレー

次の□に漢字を書き入れて、四字熟語を完成させましょう。
ただし、矢印で結んだ□には同じ漢字が入ります。

1

一意専□

以□伝□

□機□転

□心□乱

□老□

起□回生

2

◇ 油 断 ☐ 敵

◇ ☐ 義 ☐ 分

◇ 有 ☐ 無 ☐

◇ ☐ 力 ☐ 使

◇ 品 ☐ ☐ 正

◇ 八 ☐ 美 人

レベル ★★★

39 漢字の読み③

できた問題はダイヤをぬりつぶそう!

――線の漢字の読み方をそれぞれ書きましょう。

縦のヒント

◯① 父が祖父から遺産相続することになった。

◯② 夏の太陽が脳天に照りつける。

◯③ この町の降雨量を調べてみる。

◯④ 利己的なことは考えない。

◯⑤ バスの運賃をしはらう。

◯⑥ ここは、城下町として栄えた町だ。

横のヒント

◯❶ 観客の興奮は最高潮に達した。

◯❷ 優勝することができて感無量だ。

◯❸ 日ごろから親孝行をする。

◯❹ 今日は臨時の電車が運行する。

◯❺ 飛行機を格納庫に入れる。

◯❻ 博物館に展覧会を見にいく。

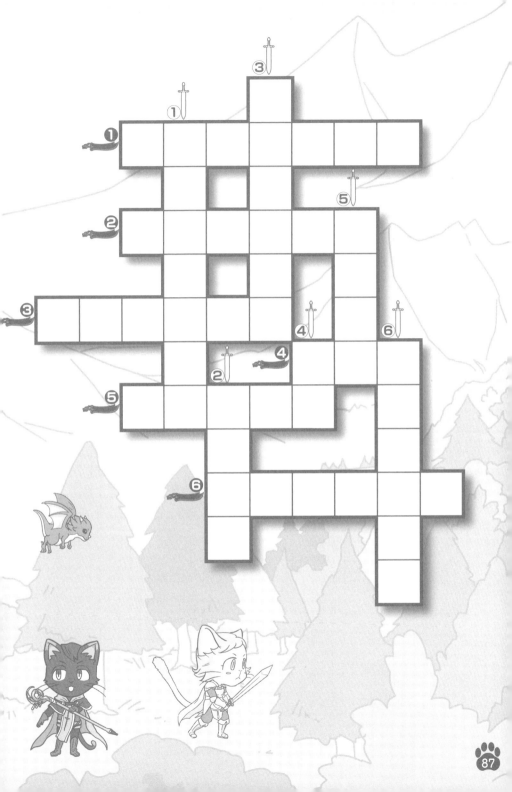

レベル ★★★

40

できた問題はダイヤをぬりつぶそう！

パーツ計算③

例にならって、文字の計算をして漢字を作りましょう。
最後に、指定された①〜④の番号順に漢字を書き、
四字熟語を完成させましょう。

例 米 ＋ 斗 ＝ 料

1

① 月 ＋ 日 ＋ 十 ＋ 十 ＝ □

② 冷 － ン ＝ □

③ 日 ＋ 日 ＋ 大 ＋ ＋＋ ＝ □

④ 牧 － 牛 ＋ 己 ＝ □

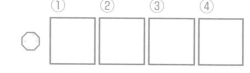

①	②	③	④

2

①⃝ 談 − 火 − 火 ＋ 者 ＝ ☐

②⃝ 街 − 土 − 土 ＝ ☐

③⃝ 舞 − 𦫶 − 夕 ＋（照 − 昭）＝ ☐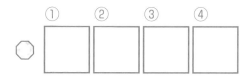

④⃝ 党 − 儿 ＋ 巾 ＝ ☐

①	②	③	④

同音異義語（どうおんいぎご）

各組の□□に、右の語群の漢字を当てはめて
同じ読みの熟語を作り、その読み方を表に書き入れましょう。
語群の漢字は何回使ってもよいです。

縦のヒント

○① 人工□□の打ち上げ。　手洗いなど□□に気を付ける。

○② 交通安全□□が始まる。　生活□□を改める。

○③ 文章の□□を考える。　□□な裁判が望まれる。

○④ バレエの□□を見る。　□□でブランコに乗る。

○⑤ 過去を□□する。　店をきれいに□□する。

横のヒント

○❶ 新作映画を□□する。　ヨットで太平洋を□□する。

○❷ 機械に□□が発生した。　思った□□に大きい。

○❸ けんかを□□する。　この物体は□□している。

○❹ 来週□□は雨の日が多い。　総理の□□を伝える。

○❺ □□的な技術だ。　勝利を□□する。

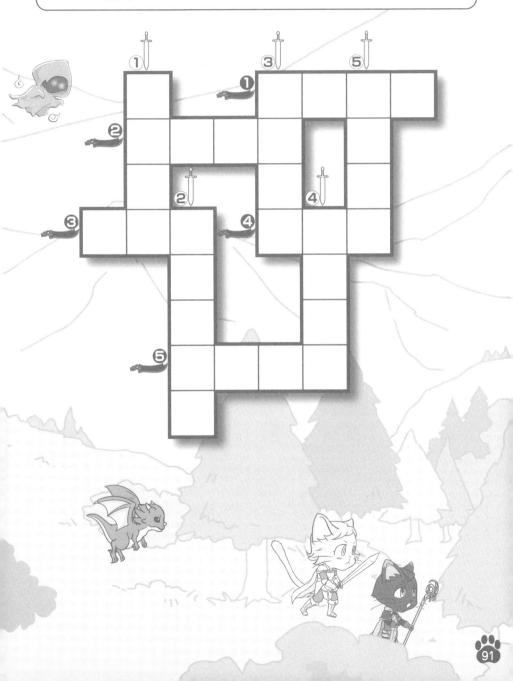

語群

想 園 装 習 星 確 異 開 慣 正 演 意 回 止 向 間 降
常 公 構 成 改 以 生 信 上 週 革 制 衛 新 静 航 海

91

画数迷路③

スタートから、9画の漢字をたどってマス目に色をぬり、ゴールまで行きましょう。縦と横には進めますが、ななめには進めません。

1

スタート	映	律	肺	沿	射	従	困
延	供	呼	背	拡	蚕	純	経
討	展	担	派	段	刻	除	我
党	値	宙	垂	奏	若	将	朗
納	座	泉	洗	染	宗	針	陛
俳	忠	専	拝	株	胸	宝	並
班	降	宣	乳	枚	皇	看	巻
秘	届	城	姿	砂	紅	骨	ゴール

スタートから、11画の漢字をたどってマス目に色をぬり、ゴールまで行きましょう。縦と横には進めますが、ななめには進めません。

2

スタート	割	証	税	絶	測	属	貸	提
異	揮	減	善	創	装	尊	痛	程
翌	勤	検	衆	閉	済	視	晩	統
欲	貴	詞	就	訪	格	捨	補	備
域	郷	郵	訳	密	恩	推	棒	富
筋	敬	裁	策	益	桜	盛	個	耕
能	破	俵	容	留	素	脳	頂	著
営	幹	義	禁	群	造	修	財	探
資	飼	準	過	賀	罪	鉱	師	ゴール

43

できた問題はダイヤをぬりつぶそう！

似た意味の言葉③

——線の言葉と似た意味の言葉を、右の語群の漢字を
組み合わせて作り、その読み方をそれぞれ書きましょう。

縦のヒント

◯①友だちがぼくに内心を打ち明けてくれた。
◯②この商品は値段が高い。
◯③1つの作業に専念する。
◯④クラス委員の仕事が重荷になる。
◯⑤周りの人の親切に助けられる。

横のヒント

◯❶こんな問題は容易に解ける。
◯❷農業で収入を得ている。
◯❸このピンチを乗り切る方法を考えよう。
◯❹これは祖父の形見の時計です。
◯❺この道具は、工作にとても便利だ。

語群

簡 段 中 価 品 所 手 意 中 遺
宝 胸 担 単 格 集 得 負 善 重

44

もんだい
できた問題はダイヤをぬりつぶそう！

反対の意味の言葉③

——線の言葉と反対の意味の言葉を、右の語群の漢字を
組み合わせて作り、その読み方をそれぞれ書きましょう。

🗡 縦のヒント

- ○① 過失によってガラスを割ってしまった。
- ○② この場所は危険だと教えられた。
- ○③ 困難な作業を無事に終わらせる。
- ○④ 道路の拡張工事を行う。
- ○⑤ 参加者からの質疑を受け付ける。

🐉 横のヒント

- ○❶ 国民の義務について学ぶ。
- ○❷ 毎日新しい命が誕生している。
- ○❸ 授業を延長します。
- ○❹ 海が満潮をむかえる。
- ○❺ 敵に向かって兵士が前進する。

語群
権 潮 亡 縮 死 短 答 全 単 縮
干 退 意 安 簡 利 小 故 後 応

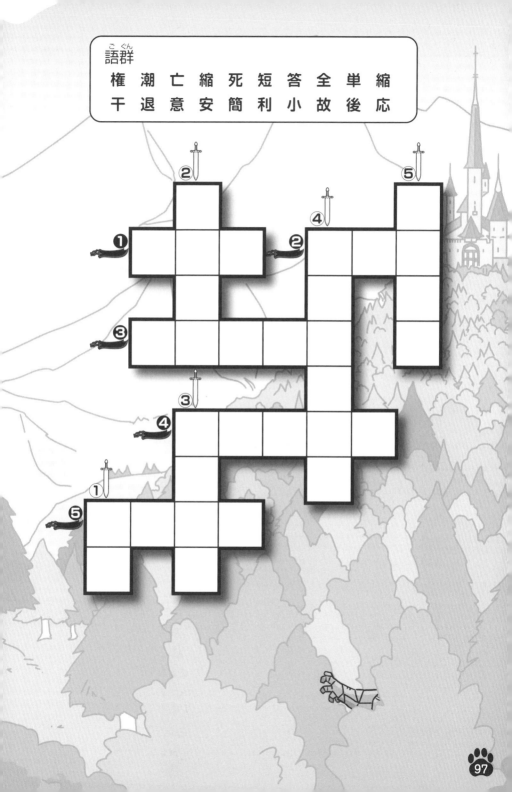

97

できた問題はダイヤをぬりつぶそう！

外来語について

——線の言葉と似た意味の外来語を語群から探して書きましょう。

縦のヒント

①結果よりも過程を大切にしましょう。

②それぞれの得点を合計する。

③困っていたら友達から助言をもらい助かった。

④中古品だが性能は十分に高い。

⑤ドライブのとちゅうで、エンジンに故障が起きた。

横のヒント

❶祖父は60才をこえても活動的だ。

❷父は自分の仕事にほこりを持っている。

❸事件が社会にあたえたしょうげきは大きかった。

❹重責を任された心労でねこんでしまった。

❺あの会社は世界規模で商売をしている。

❻発言のびみょうな意味合いが伝わらない。

語群

インパクト　グローバル　プライド　ストレス　パフォーマンス
トラブル　アクティブ　プロセス　アドバイス　トータル　ニュアンス

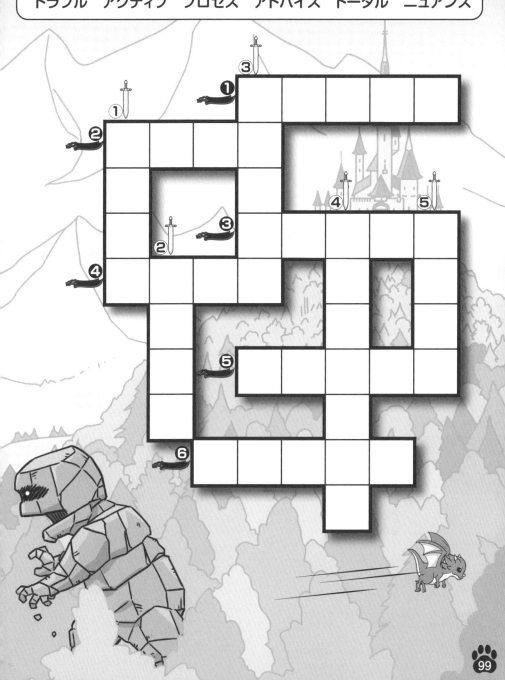

46 レベル ★★★

できた問題はダイヤをぬりつぶそう！

つなぎ言葉

○の数に気を付けながら、（　　）の中の文字を組み合わせて
つなぎ言葉を作り、右の表から探して○を囲みましょう。
ただし、（　　）には不要な文字も入っています。

① カーテンを開けた。○○○、明るくなった。（とるけすま）

② 部活動のリーダー、○○○○部長だ。（わとちすとな）

③ 今日は寒い。○○○コートを着た。（けどだらか）

④ 目覚ましをかけた。○○○、ねぼうした。（かだけしし）

⑤ 物音がした。○○○○、だれもいなかった。（としだろがこ）

⑥ 電車、○○○バスで来てください。（ただけはま）

⑦ あの人は父の兄、○○○おじさんです。（りつこでま）

⑧ この本を貸そう。○○○○、君はもう帰るの？（でとみまころ）

⑨ えんぴつ、○○○○ペンで書いてください。（はあけるもい）

⑩ 話は終わりです。○○、食事にしましょうか。（でもてさ）

⑪ 走っていった。○○、間に合わなかった。（がもしだ）

100

ん	ら	と	る	す	て
し	か	し	す	な	さ
あ	だ	が	か	わ	で
し	る	り	ろ	ち	ろ
た	ま	い	ぬ	こ	こ
つ	ま	た	は	よ	と

できた問題はダイヤをぬりつぶそう！

総合問題

次のヒントをもとにあてはまる言葉をひらがなで書き入れましょう。

◇① さしみを食べるときなどに使う、つーんとからい食べ物は？

◇② 「○令」「革○」「運○」。○に共通して入る漢字の訓読みは？

◇③ 大根のように白くて太い根の部分を食べる、丸い野菜だよ。

◇④ おにぎりなどに入れる、赤くてすっぱい食べ物は？

◇⑤ 「○○良し」「○○直り」「○○間」。○○に共通して入るのは？

◇⑥ なごりおしいことを「○○○○○を引かれる」というよ。

◇⑦ 質問するときに使う、こそあど言葉。「○○がほしいですか？」

◇⑧ 討、糖、党、統。共通する読み方は？

◇⑨ 陸上競技のうち、歩く速さをきそう競技は？

◇⑩ 「父の遺志をつぐ。」——線の読み方は？

◇⑪ ことわざ「○○も方便」。○○に入る言葉は？

横のヒント

◇❶ ことわざ「○○○○○には福来たる」。

◇❷ 「ヒストリー」を日本語に訳すと「○○○」だよね。

◇❸ 「あの人はゆうふくだ。」——線の反対語は？

◇❹ ピーマンより少し細くて小さい野菜は？ からいものもあるよ。

◇❺ 海の生き物で、「1ぱい」「2はい」と数えるよ。

◇❻ 「思わぬ朗報が届く。」——線の読み方は？

◇❼ 天下統一目前で殺されたのは「おだ○○○○」だよね。

◇❽ こわいものといえば「地しん、○○○○、火事、おやじ」だよ。

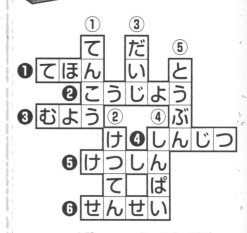

① 「南極」の反対語は「北極」。

② 「名」の読み方は音読みの「メイ」「ミョウ」と訓読みの「な」がある。

③ 「図」には「ト」と「ズ」という2つの音読みがある。

④ 「苦」の訓読みは「にが‐い」と「くる‐しい」などがある。

⑤ 似た意味の言葉に「順序」がある。

❶ 「健康」の反対語は「病気」「病弱」。

❷ 「老」の訓読みは「お‐いる」「ふ‐ける」。

❸ 「緑」の音読みは「リョク」だが、「緑化」などは「リョッカ」と読む。

❹ 「図面」は建物や機械などの設計図。

❺ 「塩」の訓読みは「しお」。

❻ 「台」には「タイ」「ダイ」という2つの音読みがある。

●コラム　南極と北極

南極点は南極大陸にあり、北極点は北極海にあります。つまり、南極は陸地になっていますが、北極は陸ではなく、海の上にういた大きな氷なのです。

① ほかに「気候」なども似た意味の言葉。

② 「短所」「欠点」の反対語は「長所」「美点」。

③ ほかに「重要」なども似た意味の言葉。

④ 「不安」「心配」の反対語は「安心」。

⑤ 「しばらくは」という意味。

❶ どちらも見習うべきものという意味。

❷ ほかに「発達」「発展」なども似た意味の言葉。

❸ どちらも必要ないという意味。

❹ どちらも本当のことという意味。

❺ どちらも心を決めるという意味。

❻ 「教師」「先生」の反対語は「生徒」。教える人と教わる人という関係。

●コラム　天気・天候・気候

「天気」や「天候」は、短い期間の空もようを表す言葉で、「気候」は一年を通してみた天気の状態を表します。ですから「日本の天気（天候）は?」と聞かれたら「晴れ」「雨」などの答えになりますが、「日本の気候は?」と聞かれたら、「夏は蒸し暑く、冬は……」という答えになります。

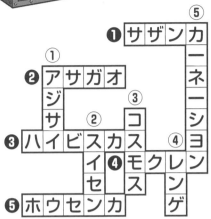

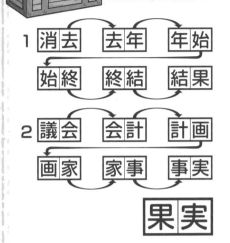

①「アジサイ」は、小さな花が球状に集まってさく植物。

②「スイセン」は、ヒガンバナ科の花で、地中海原産の植物。

③「コスモス」は白や赤い花をさかせるメキシコ周辺原産の植物。

④春に赤むらさき色の花をつける中国原産の植物。

⑤日本には江戸時代にオランダから輸入されたので「オランダナデシコ」という別名がある。

❶「山茶花（さんさか）」の読みが変化して「サザンカ」とよばれるようになった。

❷東アジアなどが原産の植物とされており、日本には奈良時代に中国から薬用として伝わった。

❸アオイ科フヨウ属の植物をまとめてよぶ名前。ムクゲなどもこの一種。

❹中国原産の植物で、庭木として日本で親しまれてきた。

❺赤い花は昔、女性がつめを赤く染めるのに用いられていた。

1・「消去」は消し去ること。
・「去年」の似た意味の言葉は「昨年」。
・「年始」の反対語は「年末」。
・「始終」は、初めから終わりまで。似た意味の言葉は「終始」。
・「終結」は、終わること。似た意味の言葉に「完結」などがある。
・「結果」の反対語は「原因」。

2・「議会」は国や都道府県、市町村などの選挙で選ばれた議員が話し合いをする場。
・「会計」はお金の計算をすること。
・「計画」はあることを行うために事前に手順などを考えること。
・「画家」は絵をかくことを仕事にしている人。
・「家事」は家庭の仕事。
・「事実」は本当のことという意味。

二字熟語
・「果実」は、植物の種をふくんだもの。食べられないものも果実という。

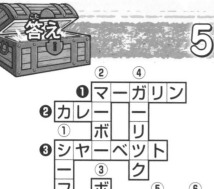

答え 5

❶マーガリン
❷カレー
①ボ リ
❸シャーベット
シ ク
①フ ③ボ ⑤ ⑥
❹ヨーグルト ア ポ
ド シ ツ タ
❺チャンプルー ジ
ル ユ

①海を「シー（sea）」、食べ物を「フード（food）」で、「シーフード」という。
②「マーボー豆ふ」は中国の四川地方で生まれた料理。
③赤い「ビーツ」という野菜を入れたスープ料理。ロシア料理として有名だが、もとはウクライナの伝統料理。
④にんにくは英語で「ガーリック」という。
⑤りんごは英語で「アップル」。
⑥「ポタージュ」はフランス料理。
❶バターは牛乳から、「マーガリン」は植物の油から作られる。
❷「カレー」はインドで生まれた料理だが、日本にはイギリス料理として伝わった。
❸「氷がし」の一種で、果物のしるなどに香料などをまぜてこおらせた食べ物。
❹牛乳のほか、やぎの乳を使うことがある発こう食品。
❺「チャンプルー」は、沖縄料理で豆ふと野菜のいため物。ゴーヤを使うと「ゴーヤチャンプルー」。

答え 6

①訓 ④金 ⑤転
洗練炭 不利点 注入学
習 口 国
②便 ③決 ⑥相 ⑦追
同乗車 完勝算 投手話 入試合
員 敗 相 験

⑦試 ①練 を ②乗 りこえて
③勝 ④利 を ⑥手 に ⑤入 れよう。

①「訓練」「洗練」「練炭」「練習」。「洗練」はすっきりと上品なものにすること。「練炭」は石炭などをまぜ合わせたもの。
②「便乗」「同乗」「乗車」「乗員」。「便乗」は人の車についでに乗せてもらうこと。そこから、機会をとらえて利用することという意味も表すようになった。
③「決勝」「完勝」「勝算」「勝敗」。「完勝」は一方的に勝つこと。「勝算」は勝てる見こみのこと。
④「金利」「不利」「利点」「利口」。「利点」はすぐれている点という意味。
⑤「転入」「注入」「入学」「入国」。「転入」は別の土地から引っこしてくること。または、別の学校から移ってくること。
⑥「相手」「投手」「手話」「手相」。「投手」は野球のピッチャー。「手話」は手を使った会話の方法。
⑦「追試」「入試」「試合」「試験」。「追試」は、受験できなかった人や不合格になった人のために後から行う試験。

1　　　　　**2**

① 寺 + 日 = 時　① 式 + 言 = 試
② 召 + 日 = 昭　② 門 + 开 = 開
③ 口 + 禾 = 和　③ 台 + 女 = 始
④ イ + 弋 = 代　④ ヘ + 一 + 口 = 合

② ③ ① ④　　　① ④ ② ③
昭 和 時 代　　試 合 開 始

1①「ひへん（日）」に「寺」で「時」。
②「ひへん（日）」に「召」で「昭」。
③「のぎへん（禾）」に「口」で「和」。
④「にんべん（イ）」に「弋」で「代」。
「昭和時代」は、1926 年 12 月 25 日から 1989 年 1 月 7 日まで。その後、「平成」になり、現在の「令和」に続いている。

2①「ごんべん（言）」に「式」で「試」。
②「もんがまえ（門）」に「开」で「開」。
③「おんなへん（女）」に「台」で「始」。
④「合」の部首は「くち（口）」。
「試合開始」は、試合を始めること。

● コラム　試合開始のよび方
　試合開始のよび方はスポーツによってちがいます。野球では「プレイボール」、サッカーやラグビーでは「キックオフ」です。そのほか、アイスホッケーは「フェイスオフ」、バスケットボールは「ティップオフ」と言います。バレーボールには「試合開始」を表す特別な用語はないようです。

答え ① 8

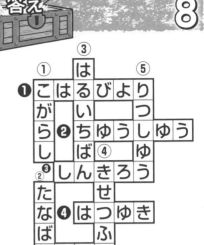

①その年に初めてふいた「こがらし」を「こがらし 1 号」という。
②「七夕」は、7 月 7 日。各地で七夕まつりが行われる。
③その春に初めてふいた毎秒 8 メートル以上の南風を「春一番」とよんでいる。
④一般に、夏は海から大陸に、冬は大陸から海に向かってふく。
⑤「立秋」と書いて「りっしゅう」と読む。
❶「小春びより」と書く。
❷「中秋」は古いこよみの 8 月 15 日。
❸「しんきろう」は空気の温度差によって生じるといわれている。
❹初めて降る雪は「初雪」。
❺「台風」は熱帯低気圧。

● コラム　ハリケーン
　台風と同じ熱帯低気圧です。発生する場所が大西洋の西側だとハリケーンといわれ、基本的には台風と同じものです。同じ熱帯低気圧でも、インド洋近辺で発生するとサイクロンとよばれます。

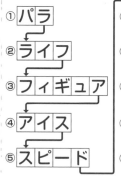

①「カモメ」は冬にやってくる鳥。体は白いが背中は灰色、くちばしや足は黄色い。

②「カラス」は、世界でおよそ40種類いて、日本でよく見かけるのはそのうち2種類。

③「ツバメ」は額やのどが赤い鳥で、夏に日本に来て巣をつくる。

④「ウグイス」は鳴き声が美しいため、日本では古くから飼育された鳥。

⑤「キジ」は日本の国鳥になっている。ちなみに日本の国花は桜とキク。

⑥小さな体の「スズメ」はなみだを流してもほんの少しのため。

⑦「とびがたかを生む」は、平ぼんな親から立派な子どもが生まれること。

⑧「ハト」は平和のシンボルとされている。

⑨日本には「キツツキ」の仲間が約10種類生息している。

⑩「フクロウ」は「森のてつ学者」と言われる鳥。

●コラム　うぐいすじょう
　ウグイスは声が美しいことから、声の美しい女性がこれにたとえられ、「うぐいすじょう」という言葉もあります。

①「パラリンピック」は、国際身体障がい者スポーツ大会のこと。1960年から始まった。

②「水難救助員」のこと。

③美しさや技を競うスケート競技のこと。フィギュアは姿、形のこと。

④「アイスホッケー」は1チーム6人ずつで戦う競技。

⑤「スピードスケート」は1周400メートルのリンクでスピードを競う。

⑥「ドッジ」は英語で、「すばやく身をかわす」という意味からきている。

⑦「ジョギング」「ランニング」「マラソン」は同じように使われることがあるが、マラソンは正式には42.195キロを走る競技。

⑧ふつうの野手は「グローブ」を使うが、キャッチャーとファーストは特別な「ミット」を使う。

⑨飛び上がって両手で相手のスパイクを止める動きを「ブロック」という。

⑩水泳の自由形はどんな泳ぎ方をしてもよいが、「クロール」で泳ぐ人が多い。

答え 11

❶へいわ
②ふ　④さい　⑥ねん
❷ゆうがい
③しゃ　⑤ん
❶　❸ちょうしょ
せ　や　ん　どう
❹はいぼく
こ　せ
❺くうせき

① 「失敗」の反対語は「成功」。「失敗」のことを「不成功」ともいう。

② 「洋」は主にヨーロッパやアメリカなどの外国、「和」は日本という意味。

③ 「起立」して立ち上がったあと、「着席」で席につく。

④ 「最後」は最も後ろ。反対語は最も初めの「最初」。

⑤ 「静止」は止まっている状態。動いている状態を「運動」という。

⑥ 年の終わりの「年末」の反対語は、年の初めの「年始」。

❶ 「戦争」と「平和」はセットで覚えよう。

❷ 「無害」は害が無いこと。反対語は害が有るという意味の「有害」。

❸ 「短所」は「欠点」と同じ意味。反対語は良いところという意味の「長所」。

❹ 「勝利」は勝つこと。負けることは「敗北」。

❺ 「満席」は席が空いていないこと。席が空いている状態を「空席」という。

答え 12

1

スタート 位	英	果	以	全	衣	
芽	改	宮	式	好	牧	育
労	束	灯	季	岸	司	泣
求	底	老	次	法	印	治
芸	兵	別	材	具	使	各
失	伝	昨	努	争	成	始
仲	辺	兆	折	冷	利 ゴール	

2

スタート 賀	街	覚	案	貨	節	
続	置	都	給	害	健	借
副	働	浴	量	戦	終	照
敗	票	路	無	満	富	博
陸	塩	梅	感	清	宿	然
群	転	巣	産	笛	康	焼
望	試	唱	辞	部	菜	ゴール

1　スタート→位→改→束→労→求→芸→兵→別→材→努→折→冷→利→ゴール
「改」の「己」の部分は3画で書く。「束」を「東」とまちがえない。「求」の部首は「したみず（氺）」。水と同じ意味だが、5画で書く。

2　スタート→賀→街→覚→給→量→無→満→富→博→然→焼→ゴール
「街」の部首は「ぎょうがまえ（行）」。真ん中は土が2つで6画で書く。「無」は筆順に注意する。「博」は右上の点を忘れない。

●コラム　画数をまちがえやすい漢字

「しんにょう（辶）」や「えんにょう（廴）」は3画で書きます。「おおざと（阝）」「こざとへん（阝）」も3画です。「子」も3画で書きましょう。正しい画数を意識して正しい筆順で書くと、きれいな字を書けるようになります。

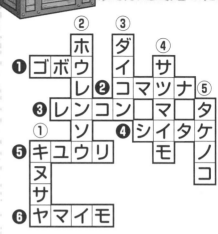

答え 13

（Crossword grid, page 13）

② い　③ そ
❶ す　っ　ぽ　ん　⑤
せ　❷ き　か　ら
①き　あ　え
❸ ぼ　う　に　あ　た　る
た　ち　④
も　よ　④ あ　か　く
❺ ちょうぶつ　さ

①楽して得をする、思いがけぬ幸運にあうという意味を表す。

②「一石二鳥」の反対は「あぶはちとらず」、「二兎を追うものは一兎をも得ず」。

③「短気は損気」は短気をいましめる言葉。

④人間は忘れっぽいということ。

⑤平ぼんな親からは平ぼんな子が生まれるということ。反対は「とびがたかを生む」。

❶「月とすっぽん」「ちょうちんにつりがね」はつり合いが取れない様子。

❷「さるも木から落ちる」「弘法にも筆の誤り」は名人もときには失敗するということ。

❸余計なことをすると災難にあうという意味だが、今はたまたまいいことがあるという意味でも使われるようになった。

❹友達からはえいきょうを受けやすいので、つきあう友達によって、善い人にもなるし悪い人にもなるということ。

❺「無用の長物」「うどの大木」は、大きいけれど役に立たない人のたとえ。

答え 14

（Crossword grid, page 14）

② ホ　③ ダ　④
❶ ゴ　ボ　ウ　イ　サ
レ　❷ コ　マ　ツ　ナ　⑤
❸ レ　ン　コ　ン　マ　タ
①ソ　④ シ　イ　タ　ケ
❺ キ　ユ　ウ　リ　モ　ノ
ヌ　コ
サ
❻ ヤ　マ　イ　モ

①「サヤエンドウ」ともよばれる。

②寒い地域で育てるとあまくなる。

③「大根」は根の部分を食べる。

④「サツマイモ」を石で焼くと、酵素の効果であまくなるといわれている。

⑤「雨後のたけのこ」は同じようなものが次々に現れる様子。

❶根は食用、種は漢方薬に使われる。

❷カルシウムが豊富な野菜。

❸水中で呼吸を助けるため、中に空気の入る空どうがあるといわれている。

❹うま味成分の豊富なきのこの仲間。

❺巻きずしのかっぱ巻きは、カッパがキュウリを好きだという伝説にちなむ。

❻おろすととろろになるいも全体を「とろろいも」とよぶこともある。

●コラム　大根役者
　大根は「食あたり」することがない食べ物なので、演技が下手な役者は「あたらない（人気が出ない）」という意味で「大根役者」といわれるようになりました。

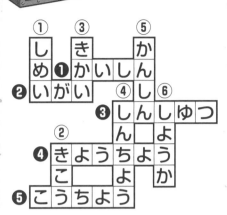

それぞれの漢字は次の通り。

①ア「氏名」、イ「指名」。

②ア「帰港」、イ「気候」。

③ア「機会」、イ「機械」。

④ア「新調」、イ「身長」。

⑤ア「感心」、イ「関心」。

⑥ア「消化」、イ「消火」。

❶ア「改心」、イ「会心」。

❷ア「意外」、イ「以外」。

❸ア「新出」、イ「進出」。

❹ア「強調」、イ「協調」。

❺ア「好調」、イ「校長」。

●コラム　同音異義語

　この問題のように「音読みが同じ」で「意味（義）が異なる」言葉を「同音異義語」といいます。日本語で同音異義語が一番多い言葉は「コウショウ」で、50個近くもあるそうです。あなたはいくつ思いつきますか？　一度辞書で調べてみるのもいいでしょう。

①「漁（リョウ）」をするので「漁業」。「魚業」としないこと。

②票を投じるで「投票」。「投標」としない。

③「底（そこ）」にある辺で「底辺」。「低辺」ではない。

④走らないのは「競争」、走るのは「競走」。

⑤「栄光」はほこらしいという意味。

⑥航行を取り止めるので「欠航」。

⑦「街」の目立つところが「街頭」。街の明かりは「街灯」。

⑧日本では東京わんの海水面を0メートルとしたときの高さを「標高」という。

⑨ある働きをするものという意味の「器官」。「管」の字と間ちがえやすいため注意。

⑩「低い音」という意味で「低音」。

⑪「健」も「康」も体の状態がよいという意味を表す漢字。

⑫動物にあたえるえさは「飼料」。

⑬名前を書いた札で「名札」。「礼」とまちがえないように注意する。

⑭「思ったより」という意味の「案外」。

⑮「特に」という意味の「特別」。

答え 17

```
      ④   ③  ❶は な み
   ①  ❷こ た つ      ⑥
   ゆ  い  し  ⑤      た
   ど ②ぼ ❸も ち つ き び
   う      こ  よ
❹ふ う  り  ん  こ れ    ⑦
      な          さ
      ぎ ❺ご ー る で ん た
         と          た
```

①塩を入れてにると、豆ふがかたくならないといわれている。

②夏にうなぎを食べるという習慣は奈良時代からあったが、土用のうしの日に食べるようになったのは江戸時代といわれている。

③「こいのぼり」は男の子の健康を願うもの。

④初めて降りるしもは「初しも」。

⑤お返しをするとされるホワイトデーは日本で作られた記念日。

⑥「キャンプファイヤー」は本来、たき火を囲んで行うぎ式のこと。

⑦キリスト教の国々に伝わる伝説の人物が「サンタクロース」。

❶奈良時代には梅、平安時代には桜を見て「花見」を楽しむようになったといわれる。

❷「こたつ」は昔、炭などを使っていた。

❸むした米をついたものが「もち」。

❹除夜のかねと同じように、元はわざわいをおいはらうものとして用いられた。

❺「ゴールデンウイーク」は、元は映画会社が映画の宣伝のために考えた言葉。

答え 18

```
            ③入
❶文 部 科 学 大 臣
            ②試
❷理 科 実 験 室
      力      ④
   ❸不 良 品   ⑤
①大 満 足 種  人
   員  ❺改 札 口
❻発 電 機 良  増
   車        加
```

①「満」は12画で書くこと。「満員」はそれ以上人が入れない状態のこと。

②「実力」が「不足」しているという意味。

③「入学試験」は「入試」と略されることがある。

④「改良」は変えてより良くすること。

⑤「増加」は増えること。反対語は「減少」。

❶「臣」は7画で書く漢字。部首が「かくしがまえ（匸）」の「区」「医」などとは書き方がちがうので注意する。「しん（臣）」という部首の漢字。

❷「験」のように「灸」がつく「険」「検」なども「ケン」と読む。

❸「不」は後の漢字の意味を打ち消す。

❹「満足」に強調する意味を加える「大」を付けた言葉。

❺現在は多くの改札口が自動になっているが、昔は駅員が立ち、一人一人のきっぷを確かめていた。

❻電気を発生させる機械のこと。

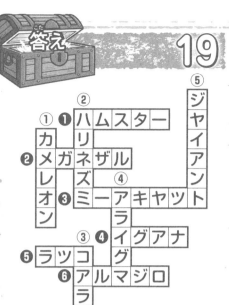

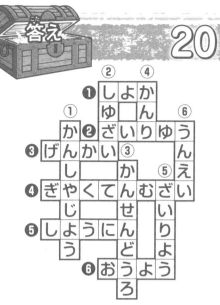

①「カメレオン」は体の色を周りの色に似せ
　ることで敵に気づかれないようにしている。
②「ハリネズミ」は危険を感じると針を逆立
　てたり体を丸めたりする。
③「コアラ」はカンガルーのようにおなかに
　ふくろをもった動物。
④最近は日本で野生化した「アライグマ」が
　農作物をあらすという問題が起きている。
⑤パンダは2種類いて、最初に広く知られた
　のはレッサーパンダ。その後、区別するた
　め「ジャイアントパンダ」と名付けられた。
❶「ハムスター」のほほのふくらみには、食
　べ物をためておくことができる。
❷眼鏡をかけているように見えることから
　「メガネザル」とよばれている。
❸「ミーアキャット」は、日光浴などのため
　に立ち上がる。
❹ウミイグアナのように水中にもぐり食べ物
　をとる「イグアナ」もいる。
❺「ラッコ」は海の沿岸地域の岩場に生息する。
❻「アルマジロ」の表面がうろこのようなか
　たい部分は体毛が変化したもの。

①「状」は手紙という意味。
②「取材」は新聞記事などの題材などを集
　めること。
③「幹」の訓読みは「みき」。
④「管理」は設備などを守ること。
⑤「材料」に似た言葉に「原料」がある。
⑥「営」の訓読みは「いとな - む」。
❶「夏」の音読みは「カ」。
❷「留」には「ル」「リュウ」という２つの
　音読みがある。
❸「限」の訓読みは「かぎ - る」。
❹「逆」の訓読みは「さか」「さか - らう」。
❺「証人」は、あることを証明する人。
❻「応用」の反対語は「基本」。

●コラム　新幹線
　新幹線は、それまで幹線として重要な役割
を果たしてきた路線に変わる新しい幹線として
作られました。昭和39年に東海道新幹線が運
行を始め、その後、山陽・東北・上越・九州・
北陸新幹線などが開業しました。

答え 21

答え 22

1

	易					
スタート	往					
	価					
	河	居	効	妻		
				枝		
			述	舎		
		招				
		制	性	版	肥	非
			毒			ゴール

2

スタート							
演							
慣							
境	構	際					
		雑					
		酸		像	増	態	適
		精	製	総		銅	綿
							歴
							ゴール

1

スタート→易→往→価→河→居→効→妻
→枝→舎→述→招→制→性→毒→版→肥
→非→ゴール

　「易」は「易」のように横画がない点に注意する。「述」の「しんにょう（⻌）」は3画で書く。「版」の「片」は4画。

2

スタート→演→慣→境→構→際→雑→酸
→精→製→総→像→増→態→適→銅→綿
→歴→ゴール

　「慣」の「毌」の部分は4画で書く。「際」の「こざとへん（阝）」は3画で書く。「総」「綿」の「糸」は6画で書くこと。「適」の「商」の部分を「商」とまちがえないように注意する。

●コラム　画数の多い漢字
　日本でよく使われる漢字として定められた「常用漢字」の中で一番画数が多い漢字は「鑑（かん）」で23画です。

---

22 クロスワード

①	コ		②			④		
❶	ロ	シ	ア					
	ツ		❷	ル	ー	マ	ニ	ア
	セ		プ			ー		⑤
❸	オ	ー	ス	ト	ラ	リ	ア	
		③			イ		マ	
		ホ		オ			ゾ	
❹		ワ	シ	ン	ト	ン		
		イ						
❺	モ	ン	ト	リ	オ	ー	ル	

①約2000年前のローマ帝国の時代に、今のイタリアの首都ローマに作られた。
②アルプス山脈は、オーストリア、イタリア、ドイツ、スイスなどにまたがる山脈。
③色が白く「ホワイトハウス」といわれる。
④マーライオンは1972年に作られた像。
⑤アマゾン川は世界第2の長さだといわれている。
❶ロシア連邦は世界で一番広い国。
❷ルーマニアは東ヨーロッパにある国で、首都はブカレスト。
❸野生のコアラやカンガルーがいるのはオーストラリア。首都はキャンベラ。
❹アメリカの首都はワシントンD.C.。
❺1976年に夏季オリンピックが行われた。

●コラム　世界一小さい国は?
　世界で一番小さな国は、イタリアのローマ市内にあるバチカン（バチカン市国）で、ローマ教皇が統治しています。面積は 0.44 ㎢で、皇居の8分の3しかありません。バチカンは国際連合（国連）には加盟しておらず、国連加盟国で最小の国はモナコです。

答え 23

```
まつえじょう
びょうどういん
へいあん　つく　びわこ
すみよし　しんじ
きたの　かみなりもん
ほうりゅうじ
ほんがんじ　せんそうじ
```

・「石見銀山遺跡とその文化的景観」は2007年に世界文化遺産に登録。
・琵琶湖は日本最大の湖。
・北野天満宮は学問の神として知られる。
・宍道湖ではシジミ漁がさかん。
・平安神宮は1895年に創建された。
・住吉神社は、「日本三大住吉」の一つ。
・回向院には動物を供養する墓などもある。
・厳島神社は1996年に世界文化遺産に登録。
・水戸城は水戸徳川家の居城で、太平洋戦争で焼失。
・本願寺は浄土真宗本願寺派の本山。
・浅草寺は、東京都で最も古い寺。
・法隆寺は現存する世界最古の木造建築物群で、1993年に世界文化遺産に登録。
・雷門は浅草寺の門で有名な観光地。
・松江城の天守閣は国宝に指定された。
・平等院鳳凰堂は10円玉にえがかれている。
・縄文杉は樹齢4000年以上の大木。
・吉野ヶ里遺跡では弥生時代の集落のあとが発くつされた。

答え 24

```
　　　　④なんか⑤
②そんがい①ん
せ③よじ
③げんしょう　よ
①よ④どうい
⑤ふこう
ひ⑥きんし
よよ
⑦ほうさく
```

①「好評」の反対語は「不評」「悪評」。
②「子孫」の反対語は「先祖」「祖先」。
③「積極」は自分からすすんで何かをしようとする様子。反対語は「消極」。
④「形式」は形。反対語は中身という意味を表す「内容」。
⑤「理性」は道理によって判断すること。反対語は「感情」。
❶「北上」は北に進むこと。反対語は「南下」。
❷「利益」はもうけ。反対語は「損害」「損失」。
❸「増加」は増えること。反対語は「減少」。
❹「反対」はだれかの意見を受け入れないこと。反対語は「賛成」「同意」。
❺「幸福」は幸せ。反対語は「不幸」。
❻「許可」は許すこと。反対語は「禁止」。
❼「不作」は農作物があまりとれないこと。たくさんとれるのは「豊作」。

●コラム　農業は豊作、漁業は?
農業は農作物を「作る」ので、「豊作」ですが、漁業は魚などを「作る」わけではないので、「豊漁」といいます。

25

```
          ⑤情
❶天気予報
災    ③機
  ②無関心
❸七福神        ⑥
  ②  ❹経営学
  面  ④    校
❺接続語    職
  官  ❻学芸員
```

①「天災」は、自然災害のこと。
②「官」はある役目を務める人という意味。
③「無神経」は人の気持ちを考えない様子。
④「語学」は外国語の学習のこと。
⑤「情報機関」は国内外の情報を集めて分せきする国の機関。
⑥「学校職員」は、学校で働く職員。教師をふくめる場合とふくめない場合がある。
❶「天気予報」は天気の変化を予想して伝えること。
❷「無関心」は関心がないこと。
❸「七福神」はえんぎのよい7人の神さま。
❹「経営学」は会社などの経営を学ぶ学問。
❺「接続語」はつなぎ言葉ともいう。
❻「学芸員」は博物館や美術館で資料の管理や研究などを行う専門家。

●コラム　七福神の名前
　福をよぶといわれる七福神は、えんぎのよいものとして人々に信じられてきました。7人の名前は、大黒天、恵比寿、毘沙門天、福禄寿、寿老人、布袋、弁財天です。

26

1
①木+日=果
②国-玉+大=因
③服-月+幸=報
④麻-林+心=応

②①④③
因果応報

2
①雷-田=雨
②話-千-口+売=読
③静-争+日=晴
④末+一+井=耕

③④①②
晴耕雨読

1①「日」にたて線の長い「木」を加えると「果」となる。「果」の部首は「き（木）」。
②「くにがまえ（囗）」に「大」で「因」。
③「服」の部首は「にくづき（月）」ではなく「つきへん（月）」。形は同じだが、意味がちがう。
④「まだれ（广）」に「心」で「応」。「因果応報」は、自分の行いのよい悪いによって、それに応じたむくいがあるという意味。
2①「雷」から「田」を取ると「雨」。
②「ごんべん（訁）」に「売」で「読」。
③「ひへん（日）」に「青」で「晴」。
④「耕」の部首は「すきへん（耒）」。横画は3本なのに注意する。「晴耕雨読」は、晴れた日には畑を耕し、雨の日には読書をするという、心静かで自由な生活のこと。

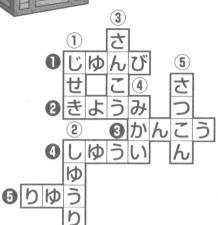

①「反省」も「自責」も自分のまちがいを認めてそれについて考えること。
②「復元」も「修理」も元通りにすること。
③「参照」も「参考」も他の考えや情報などを自分の考えに役立てること。
④「原始」も「未開」も未発達の状態。
⑤「最近」も「昨今」も近い昔から現在までの時間を指す。
❶「用意」も「準備」もこれから始まる何かに備えること。
❷「関心」も「興味」も心がひかれること。
❸「出版」も「刊行」も本を出すこと。
❹「近辺」も「周囲」も自分の周りのこと。
❺「原因」も「理由」も何かの結果のもとになるものを指す。

●コラム　類義語
　意味の似ている言葉を「類義語」といいます。「遠足の用意」「遠足の準備」と同じように使うこともありますが、「×用意体操」「○準備体操」のように使い分けが必要なことがあります。

①「意気投合」は相手と気持ちが合うこと。
②「空前絶後」はとてもめずらしいこと。
③「自画自賛」は自分で自分をほめること。
④「心機一転」は気持ちをよい方向に切りかえること。
⑤「得意満面」はほこらしい気持ちが表情に表れた様子。
⑥「一部始終」は最初から最後まですべて。
⑦「自給自足」は自分に必要なものは自分ですべて作る生活のこと。
⑧「弱肉強食」は強いものが弱いものを思うままにして栄えること。
⑨「一刀両断」はためらわず決断すること。
⑩「言語道断」はもってのほかという意味。
⑪「前後不覚」は正常な意識を失うこと。
⑫「自由自在」は思い通りにできる様子。
⑬「一心同体」は多くの人が心を一つにすること。
⑭「絶体絶命」は追いつめられた状態。

30

```
①種    ④親     ⑤常
曲目前  薬指圧   見識者
次      図         別

②打    ③予     ⑥独     ⑦急
読破産  通知覚   競走路   倍増水
格      人       行       加
```

③⑤⑦ 知識を増やしながら
①④ 目指すゴールまで ⑥② 走破しよう。

①「種目」「曲目」「目前」「目次」。「種目」「曲目」の「目」は分類上の区分という意味。

②「打破」「読破」「破産」「破格」。「読破」は最後まで本を読むこと。

③「予知」「通知」「知覚」「知人」。「予知」は前もって知ること。「知覚」は感じ取って知ること。

④「親指」「薬指」「指圧」「指図」。「指圧」は指でおして力を加えること。

⑤「常識」「見識」「識者」「識別」。「識者」は正しい知識や判断力を持っている人。

⑥「独走」「競走」「走路」「走行」。「独走」は他を大きく引きはなして先頭を走ること。

⑦「急増」「倍増」「増水」「増加」。

①まつたけは、しいたけなどと同じ「きのこ」の仲間。

②5月5日は「たんごの節句」で、男の子の健康を祈る日。

③木の葉が赤や黄色に色づくことを「紅葉」という。

④「流しそうめん」は宮崎県の茶店で始まったという説がある。

⑤クリスマスはもともとキリスト教の行事。

⑥「とりい」は神様と人間の暮らす空間を仕切るためにあるといわれている。

❶「きなこ」はみそと同じく大豆から作る。

❷「秋の夜長」は、夏至を過ぎて夜が長く感じられる秋の夜を表す言葉。

❸「師走」と書いて「しわす」と読む。

❹「寒中水泳」は日本をはじめ、ロシアやカナダ、中国などでも行われる。

❺童謡「うれしいひなまつり」は、「あかりをつけましょぼんぼりに」という歌い出しで始まる。

●コラム 倍増の反対語は？
倍増は元の数値の2倍に増えることです。反対語は、元の半分に減るという意味で「半減」です。例えば10あったものが20になると「倍増」といい、5に減ると「半減」というのです。

答え 31

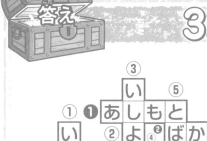

答え 32

31

```
      ②
   ❶ぎ ょ う ざ
      お ん    ④
   ①      さ
❷よ こ は ま ❸わ い ん
   う   つ ③ご う
   ❹し ゆ り じ ょ う
   え ん じ ん ⑤
      ❺ぎ ん か く じ
      す   ん さ
      か   さ
      ❻め ん た い こ
```

32

```
         ③
         い      ⑤
①   ❶あ し も と
い   ②よ   ②ば か
❸し り か く ず
の   わ   わ    ⑥
❹こ う か い ら  す
え   い   ❺ぬ れ ぎ ぬ
            た
            る
```

①兵庫県西宮市にある甲子園球場では、春に「選抜高等学校野球大会」、夏に「全国高等学校野球選手権大会」が行われる。

②「祇園祭」は京都の八坂神社の祭り。

③「ジンギスカン」は、羊肉をかぶとのような鉄板で焼く料理。

④「西郷隆盛」は当時の薩摩藩で討幕を指導した人物。

⑤「関西国際空港」は 1994 年に開港した、日本を代表する国際空港。

❶総務省の家計調査によると、宇都宮市と浜松市は 10 年以上「ぎょうざ」の消費量の 1 位と 2 位を争っている。

❷神奈川県庁は「横浜市」にある。

❸ぶどうの生産量が日本一の山梨県では、ぶどうを原料とした「ワイン」の製造も盛ん。

❹琉球王国の「首里城」は 2019 年に焼失。

❺「金閣寺」は金ぱくがはられているが、「銀閣寺」は銀色ではない。

❻すけとうだらの卵そうをトウガラシにつけたものが「めんたいこ」。

①「石の上にも三年」と似た意味に「雨垂れ石をうがつ」がある。

②子がかわいいなら、あまやかさず世間に出して苦労させたほうがよいということ。

③「衣食」は着る物や食べる物のこと。

④似た意味に「きじも鳴かずばうたれまい」「やぶをつついてヘビを出す」がある。

⑤もとは、活やくするまで機会を待ってじっとしている様子をいう言葉。

⑥「すぎたる」はやりすぎること、「およばざる」は足りないということ。

❶「足元」はすぐ近く、「火」は危険という意味を表す。

❷「正直者が損をする」ともいう。

❸「頭（一部）」をかくして、「しり（ほかの部分）」がかくれていないことに気づかない様子。

❹「後かい先に立たず」は、終わってからくよくよしてもしかたないということ。

❺「ぬれぎぬ」はぬれた服のことで、身に覚えのない罪をたとえている。

33

①助	④天	⑤人
右手首	大敵軍	真相当
段	対	談

②開	③発	⑥勉	⑦決
接戦法	興奮然	最強大	提起工
場	発	力	立

⑤① ⑥④
相手は強敵だが
③⑦ ②
奮起して戦おう!

①「助手」「右手」「手首」「手段」。「手」には「〜する人」という意味もある。

②「開戦」「接戦」「戦法」「戦場」。「戦場」は「せんじょう」「いくさば」と読む。

③「発奮」「興奮」「奮然」「奮発」。「奮発」は、心をふるい起こすこと。

④「天敵」「大敵」「敵軍」「敵対」。「天敵」は、カエルにとってのヘビのように、自分を食べる生き物のこと。

⑤「人相」「真相」「相当」「相談」。「人相」は人の顔つき。

⑥「勉強」「最強」「強大」「強力」。「最強」は最も強いという意味。

⑦「決起」「提起」「起工」「起立」。「起工」は工事を始めること。

●コラム 勉強
　店の人が「勉強します」ということがありますが、これは「安くします」という意味です。中国語で「勉強」は「無理やり」という意味があり、そこから安くするという意味で使われるようになったそうです。

34

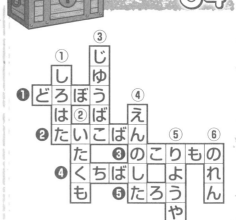

①「白旗」は、実際の戦争中も降参の印となる。

②痛みどころかかゆささえも感じないほどえいきょうがないということ。

③「重箱」は、うな重などで使う食器。

④「えんの下」はゆかの下のこと。見えないところで支えているということ。

⑤似た意味に「忠言耳に逆らう」がある。

⑥似た意味に「ぬかにくぎ」がある。

❶「どろぼう」は悪い人のたとえ。

❷似た意味に「折り紙を付ける」がある。

❸「余りものに……」ということもある。

❹ひな鳥のくちばしが黄色いことから、未熟な人をたとえるようになった。

❺「ひめ」は女の子、「たろう」は男の子。

●コラム 良薬は口に苦し
　言葉通りの意味は、良い薬は体にはよいが苦くて飲みにくいというものです。薬と同じように、自分のためになる言葉は自分の欠点をずばりと言い当てているので、聞いているのがつらいという意味を表します。

あ	てっ	っ	ぽ	う	み	ず
ら	べ	お	げ	ゅ	れ	に
れ	す	ー	っ	し	だ	じ
か	い	ろ	し	も	な	だ
げ	せ	ら	ょ	ば	か	つ
ろ	い	ゃ	く	し	ん	ま
う	ず	し	お	ら	ふ	き

①気象用語では直径5ミリ未満が「あられ」、5ミリ以上が「ひょう」。

②「しもばしら」は、「しも」とは別の現象。

③「かげろう」は、よく晴れた風の弱い日に見られる。

④「たつまき」は北半球では反時計回りのものが多く、南半球では時計回りが多い。

⑤「月食」は、太陽・地球・月が一直線に並ぶ。

⑥「鳴門のうずしお」として有名。

⑦「にじ」の色は日本では7色とされているが、国や地域によってその数は様々。

⑧「落雷」は雷の放電が地球に届いたもの。

⑨「高潮」は、台風などの低気圧の接近で海水面が高くなる現象。

⑩定期的に地球に近づく「ハレーすい星」が有名。

⑪「鉄ぽう水」はせき止められた水がはげしく流れ落ちること。

⑫「ふん火」は火山がマグマや火山灰をふき出す現象。

⑬「オーロラ」は「極光」ともよばれる。

⑭「なだれ」は春先に多く発生する。

```
              ⑤
         ②    千
    ❶ 一  世  一  代  ⑥
         論 ❷ 紙  風  船
         調       紀
    ❸ 検  査       委
         定   ④    員
         試 ④ 警  備  会  社
    ❺ 体  験  報  告   ⑦
         道       危
    ❻ 機  能  障  害
         関
```

①合格か不合格かなどを決める試験。

②社会や政治に関する統計調査のこと。

③テレビ・ラジオ局、新聞社など情報を人々に伝えるための組織のこと。

④サッカーでは選手に警告をあたえるとき、しん判はイエローカードを提示する。

⑤模様が色刷りされた紙。

⑥「風紀」は規律を保つという意味。

⑦「危害」は危険や損害のこと。

❶「一世一代」は一生に一回しかないこと。

❷「紙」でできた「風船」のこと。

❸「検査」は細かく調べること。

❹「警備」する「会社」のこと。

❺「体験」したことについての「報告」。

❻体の「機能」に「障害」が出ること。

●コラム　千代紙は和紙

千代紙は和紙といわれる日本伝統の紙に模様などをつけた正方形の紙です。和紙は、パルプで作られた洋紙に比べて一本一本のせんいが長いため、独特の風合いがあり、長持ちするといわれています。

37

```
      く  そ
  みずようかん
      き  め
かとりせんこう
かい          ち
すいか    ひまわり
すい  げ  ひ
いよ  ろ  や むしとり
よく うなぎ の      さ
  ほ  な      くりすます
  わ  くりすます  ば
  いと  さ  が      つ
  で      ゆきわたり
  一
```

・ウリ科の「すいか」は野菜に分類される。

・「うちわ」に似た道具にせんすがある。

・「うなぎ」は栄養価が高い。

・「いなさ」は台風のころの強い風のこと。

・直径 1.3 ミリ未満を「そうめん」、1.3 ミリ以上 1.7 ミリ未満をひやむぎ、それ以上をうどんと分類することがある。

・「ひまわり」はロシアとペルーの国花。

・「虫とり」は夏に盛んに行われる。

・「かげろう」は春の季語とされている。

・「くずきり」は「くず粉」から作る。

・「ひやむぎ」は、小麦粉と塩と水で作る。

・「クリスマス」はキリストの生誕を祝う日。

・「雪渡り」はキツネと子どもたちの交流をえがいた宮沢賢治の童話。

・「海水浴」は夏の季語。

・「ホワイトデー」は、日本で考えられたもの。

・「水ようかん」は元はおせち料理だった。

・「七草がゆ」は、1月7日に食べられる。

・「かとりせんこう」はうず巻型の物が多い。

・「トノサマバッタ」は大型のバッタ。

38

1. 一意専心 → 以心伝心 → 心機一転 → 一心不乱 → 不老不死 → 起死回生

2. 油断大敵 → 大義名分 → 有名無実 → 実力行使 → 品行方正 → 八方美人

1
・「一意専心」はあることに集中すること。

・「以心伝心」は言葉なしで心が伝わること。

・「心機一転」は何かをきっかけにして気持ちを前向きに切りかえること。

・「一心不乱」はあることに集中すること。

・「不老不死」は年をとらず死なないこと。

・「起死回生」は危機的な状態をのがれて勢いを盛り返すこと。

2
・「油断大敵」は油断をいましめる言葉。

・「大義名分」は何かをする正当な理由。

・「有名無実」は名前ばかりが広く知られているが、中身がともなっていないこと。

・「実力行使」は、問題解決のため話し合いではなく力ずくの行動に出ること。

・「品行方正」は行いが正しい様子。

・「八方美人」は、だれにでも好かれようとする態度のことで、悪い意味で使われることが多い言葉。

39

③こ
①さいこうちょう
さ　う ⑤
②かんむりょう
そ　ょ　ん
③おやこうこう ④ち ⑥
ぞ ② ④りんじ
⑤かくのうこ
う　ょ
⑥てんらんかい
ん　ま
ち

①「遺産相続」は、亡くなった人の財産を引きつぐこと。
②「脳天」は頭のてっぺんのこと。
③「降雨量」は、雨が降った量のこと。
④「利己」の「利」はもうけ、「己」は自分のこと。自分の利益という意味。
⑤「運賃」に似た言葉に「乗車賃」がある。
⑥「城下町」は大名の城を中心に発達した町のこと。
❶「最高潮」は一番盛り上がるところ。似た意味に「クライマックス」がある。
❷「感無量」は、感動がはかりきれないほど大きい様子。
❸「親孝行」の反対語は「親不孝」。
❹「臨時」は、その時の事情に応じて、前もって決めたものとちがうことをすること。
❺「格納庫」は飛行機を入れておいたり整備したりする場所。
❻「展覧会」は美術品などを集めて広く公開する会。

40

1 ①月+日+十+十＝朝
②冷-冫＝令
③日+日+大+艹＝暮
④牧-牛+己＝改

① ② ③ ④
朝 令 暮 改

2 ①談-火-火+者＝諸
②街-土-土＝行
③舞-舛-夕+(照-昭)＝無
④党-儿+巾＝常

① ② ③ ④
諸 行 無 常

1

①「十」+「日」+「十」で「卓」となる。
②「冷」から「にすい（冫）」を引いて「令」。
③上から「くさかんむり（艹）」、「日」、「大」、「日」と並べ、「暮」となる。
④「ぼくづくり（攵）」に「己」で「改」。
「朝令暮改」は、朝出した命令が夕方にはもう変わってしまうということから、方針がころころ変わって定まらないという意味を表す。

2

①「ごんべん（訁）」に「者」で「諸」。
②「街」から「土」を2つ取ると「行」。
③「舞」から「まいあし（舛）」をとり、「れんが（灬）」をつけると「無」。（　）の中の計算は先にすること。
④「党」から「にんにょう（儿）」を引いて「はば（巾）」を足すと「常」。
「諸行無常」は、世の中のものはすべて変化し続けてとどまることがない、という人生のはかなさを表す言葉。

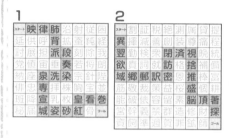

①「衛星」・「衛生」。「衛星」は、わく星の周りを公転する天体のこと。

②「週間」・「習慣」。他に「週刊」も同音異義語として覚える。

③「構成」・「公正」。「公正」は公平でかたよっていないこと。他に「厚生」「後世」「校正」など、同音異義語が多いので注意する。

④「公演」・「公園」。「公演」は大勢の前で演じること。「講演」とのちがいに注意する。

⑤「回想」・「改装」。「回想」は過去のことを思い出すこと。

❶「公開」・「航海」。「公開」は広く人々が利用できる状態にすること。

❷「異常」・「以上」。「異常」はふつうではない状態のことで、反対語は「正常」。

❸「制止」・「静止」。「制止」は止めること。「静止」の反対語は「運動」。

❹「以降」・「意向」。「意向」は考えという意味。

❺「革新」・「確信」。「革新」は古い方法などを新しく変えることで、反対語は「保守」。

1

スタート→映→律→肺→背→派→段→奏→染→洗→泉→専→宣→城→姿→砂→紅→皇→看→巻→ゴール

「映」の右を「夬」としない。「肺」の「市」の部分は5画で書く。「背」の「北」部分は5画。「派」の右の部分は6画で書く。「泉」の「水」は4画。「専」は「博」とちがい右上に点がないので注意する。「看」の下を「日」としないこと。「巻」の「己」の部分は3画で書く。

2

スタート→異→翌→欲→域→郷→郵→訳→密→訪→閉→済→視→捨→推→盛→脳→頂→著→探→ゴール

「翌」の「羽」は6画。「欲」の「欠」を「攵」としない。「郵」の左の横画の数に注意する。「済」の右下は「月」ではないので注意。「視」の「ネ」を「衤」としないこと。「推」の「隹」は8画で書く。「盛」の右上の点を忘れない。

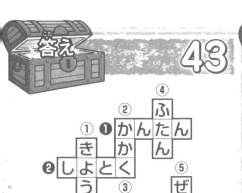

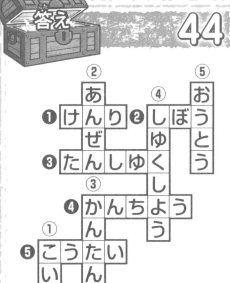

① 「内心」「胸中」はどちらも心に思っていることという意味。
② 「値段」「価格」は売るときの金額。
③ 「専念」「集中」は心を一点に集めること。
④ 「重荷」「負担」は、役目や仕事が自分の手に負えないものだと感じること。
⑤ 「親切」「善意」は相手を思いやる気持ち。
❶ 「容易」「簡単」はたやすいこと。
❷ 「収入」「所得」は労働などによって得られるお金のこと。
❸ 「方法」「手段」は、何かを行うための手立てのこと。
❹ 「形見」「遺品」は、亡くなった人が生前に持っていたもの。
❺ 「便利」「重宝」は都合よく役立つこと。

●コラム　心＝胸？
　今では心の働きは脳の働きだと考える人が多いですが、昔から伝わる言葉では心を胸にたとえる表現が多く見られます。「胸の内」「胸がはずむ」「胸がつぶれる」「胸をふくらませる」などはその例です。

① 「過失」はまちがってしてしまうこと。反対語はわざとやる「故意」。
② 「危険」は危ないこと。反対語は「安全」。
③ 「困難」は難しいこと。反対語は「容易」と「簡単」。
④ 「拡張」は広げること。反対語は「縮小」。
⑤ 「質疑」は疑問に思った点を問いただすこと。反対語はそれにこたえる「応答」。
❶ 「義務」はしなければならない務め。反対語は自由にできたり求めたりできる「権利」。
❷ 「誕生」は生まれること。反対語は「死亡」。
❸ 「延長」は時間をのばすこと。反対語は時間を縮める「短縮」。
❹ 「満潮」は潮が満ちること。反対語は潮が引く「干潮」。
❺ 「前進」は前に進むこと。反対語は「後退」。

●コラム　張・帳
　これらは「長」の部分が音を表し、残り部分（部首）が意味を表す形声文字なので音読みが「チョウ」です。「敵・適」、「績・積」「清・静・精」なども形声文字です。

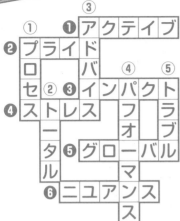

①「過程」「手順」などを「プロセス」と表現することがある。

②「合計」「総合」という意味で「トータル」という言葉が使われる。

③「助言」や「忠告」のこと。「コーチのアドバイス」のように使う。

④「パフォーマンス」は「性能」「演技」などの意味で用いられる。

⑤トラブルは、「故障」のほか「もめごと」という意味でも用いられる。

❶「活動的」「積極的」などの様子を「アクティブ」と表現する。

❷「プライドを傷つける」「プライドが高い」のように用いる。

❸「インパクト」は「しょうげき」のこと。「ショック」も似た意味を表す。

❹「ストレス」は精神的な負担のこと。

❺「世界的」「世界規模」という意味で「グローバル経済」のように用いられる。

❻細かな意味合いのこと。「同じ内容でもニュアンスがちがう」のように用いる。

それぞれ空らんの前の内容と後の内容がどのような関係でつながっているかを考えて、適切なつなぎ言葉を作ること。

①前のできごとに続く結果を表す「すると」。

②前の内容を言いかえる「すなわち」。

③理由のあとに結果を続ける「だから」。

④前と反対の内容が続く「しかし」。

⑤前と反対の内容が続く「ところが」。

⑥2つのうちから選ぶときに使う「または」。

⑦前の内容を言いかえる「つまり」。

⑧それまでと話題を変える「ところで」。

⑨2つのうちから選ぶときに使う「あるいは」。

⑩それまでと話題を変える「さて」。

⑪前と反対の内容が続く「だが」。

●コラム　かくれたつなぎ言葉

①は「カーテンを開けると明るくなった」としても意味が変わりません。これは「と」が「すると」の働きをしているためです。③、④、⑤、⑪は同じように意味を変えずに1つの文にすることができます。ちょう戦してみましょう。

①「わさび」は日本原産の植物。

②「命令」「革命」「運命」と共通して入るのは「命」。訓読みは「いのち」。

③「カブ」の栄養素は大根とほぼ同じ。

④「梅干し」は熟した梅の実を塩づけにして天日で干して作られる。

⑤「仲良し」「仲直り」「仲間」となる。

⑥「うしろがみを引かれる」は心残りがあって決心できないことを表す。

⑦「こそあど言葉」はものごとを指し示す言葉。質問する場合には「どこ・どれ・どっち」など「ど」ではじまる言葉を使う。

⑧「討、糖、党、統」の音読みは「トウ」。

⑨「競歩」は常にどちらかの足が地面についていないといけない競技。

⑩「遺志」は亡くなった人の志のこと。

⑪「うそも方便」はうそもときに役立つということ。

❶「笑う門には福来たる」は、笑いのたえない家には自然と幸福が来るという意味。

❷「ヒストリー」は「歴史」のこと。

❸「ゆうふく」は豊かなこと。反対は貧しいという意味の「びんぼう」。

❹「ししとう」は「ししとうがらし」のことで、とうがらしの仲間。植物学的にはピーマンとほぼ同じ植物とされる。

❺「イカ」は生きていると「1ぴき」、水あげされると「1ぱい」、するめでは「1枚」と数えられる。

❻「朗報」は良い知らせのこと。

❼「織田信長（おだのぶなが）」は天下統一の目前で「本能寺の変」で殺された。

❽「地しん、かみなり、火事、おやじ」はこわいものの代表として言いならわされた言葉。

●コラム　イカとタコのすみ

イカもタコも敵から身を守るためすみをはきます。イカは敵に別のえものがいるように見せるためにかたまりのすみをはくので、ドロドロしたすみをもっています。タコは敵の視界をさえぎるえん幕のようにすみをはくため、サラサラしたすみをもっています。

監修者
深谷圭助（ふかや　けいすけ）

1965年生まれ。愛知県公立小中学校教諭、立命館小学校校長、ロンドン大学東洋アフリカ研究学院客員
研究員を経て、現在中部大学教授。現代教育学研究所長。NPO法人こども・ことば研究所理事長。博士（教
育学）。1990年代から開発・提唱してきた「辞書引き学習」が、子どもが自ら進んで学び、語彙力・読
解力が飛躍的に伸びる学習法として注目を集める。著書・監修書に『ことばの力がどんどん身につく! クロ
スワードパズル　小学 1・2・3 年生』（日東書院）、『自由自在　賢くなるクロスワード　なぜ?に答える
上級：不思議に思っていることがパッとわかり楽しく身につく』（受験研究社）、『例解学習国語辞典 [第十
一版]』（小学館）など多数。
●公式ホームページ　http://jishobiki.jp/

パズル制作／鈴木啓
イラスト／水野ゆうこ
DTP・本文デザイン／CROCO-STUDIO
カバーデザイン／前田宏治（United）
編集／酒井貴大・伊藤隆（株式会社エディット）
企画・進行／寺田須美（日東書院本社）

ことばの力がどんどん身につく!
クロスワードパズル　小学4・5・6年生

2020 年 12 月 5 日　初版第 1 刷発行

監修者　深谷圭助
発行者　廣瀬和二
発行所　株式会社　日東書院本社

〒160-0022　東京都新宿区新宿2丁目15番14号　辰巳ビル
TEL　03-5360-7522（代表）
FAX　03-5360-8951（販売）
URL　http://www.TG-NET.co.jp
印刷　三共グラフィック株式会社
製本　株式会社セイコーバインダリー